W9-CMG-305

ALBUM PHOTOGRAPHIQUE 1

ALBUM PHOTOGRAPHIQUE 1

Centre Georges Pompidou

Conception générale :
Pierre de Fenoyl
assisté de :
Marie José Charo

Texte et bibliographie :
Christian Caujolle
Texte du dossier Umbo :
Bernard Ajac

Direction artistique :
Antoine Kieffer
Michel Haberland

Coordination de la fabrication :
Patrice Henry
Traduction :
Jonathan Dickinson
Alice Jugie
Barry Russel

Comité consultatif :
Bernard Ajac, Centre Georges Pompidou
J.M. Bustamante, photographe
J. Minassian, photographe
A. Sayag, M.N.A.M.
J. Vistel, Président de la Fondation
Nationale de la Photographie

Nous tenons à remercier
tout particulièrement :
M. Aimard
M. Charbonnier
M. et Mme Charpentier
Mme Chomette (Vinci 1840)
Mme Colvin (Tate Gallery)
Mme Demilly
M. Duc
M. et Mme Durand-Dessert
M. Faure
M. Favrod
Mme Fox-Pyth (Tate Gallery)
Mme Gaillard
M. Kicken
M. Kunze
M. Lemagny
M. Ludin
M. Marbot
M. Martinez
M. Paviot (Octant)
M. Proust
Mme Roger (SFP)
M. Sieff
Mme Veret

Partout présente, la photographie demeure méconnue. L'édition de ce premier livre d'une série d'albums cherche à faire justice de ce paradoxe. Il était dans la vocation du Centre Georges Pompidou de faire une place de choix à cette discipline qui marque notre modernité d'art et de culture.

Par définition la photographie est reproduction. Mieux qu'une exposition vouée à l'éphémère, l'image imprimée respecte cette nature profonde, en demeurant accessible à tous, en tous lieux. Dans cette optique, il était important d'obtenir la meilleure qualité de reproduction pour des images que les créateurs soignent dans le moindre détail, du cadrage jusqu'à la nuance infime du tirage.

Ce livre n'a pas pour seule ambition d'être un catalogue ou une anthologie : Pierre de Fenoyl qui a apporté à sa réalisation toute sa compétence, a cherché à faire naître entre le lecteur et l'auteur une complicité du regard, qui rende au réel sa force parfois étrange, tous prismes de l'habitude ou de la convention écartés. Eveiller une sensibilité à l'image, qui lui rende toute sa dignité : tel est peut-être l'enjeu.

Jean Millier

Photography, although ever present, is not yet fully appreciated. The publication of this first issue of a series of albums seeks to destroy this paradox. One of the aims of the Georges Pompidou Center is to give photography an important role, deeming it an essential symbol of our modern art and culture.

Photos are by definition reproductions. Better than any exhibition, which is necessarly short-lived, the printed image respects the profound nature of photography while remaining accessible to everyone, everywhere. Thus it is essential to obtain the best quality of reproduction for pictures created with the maximum care and minute attention to detail, from cropping of the negatives to the slightest gradation in developing and printing.

This book is not intended to be a mere catalogue or anthology. Pierre de Fenoyl, who has prepared it with all his skill and experience, has tried to establish a complicity of vision between reader and author, restoring to reality its often strange power, quite apart from all prisms of custom and convention, awakening a feeling for the picture and restoring all its dignity. This is perhaps the final aim.

Jean Millier

ENTRETIEN AVEC PIERRE DE FENOYL

Cet ouvrage n'est ni un catalogue, ni un livre par thème, ni une monographie sur un auteur. Comment le situer ?

C'est un album. Le premier d'une série qui en comportera un par an. Pour ce premier volume, il m'a paru important de montrer une évolution du regard depuis les débuts de la photographie jusqu'à nos jours.

Chaque connaisseur de l'histoire de la photographie pourrait proposer un autre parcours, mais l'important est de respecter une identité photographique qui consiste à montrer plus qu'à démontrer ; de rendre apparents l'éclectisme et les divers chemins parcourus par des auteurs. C'est le premier but. Ensuite, faire apparaître que la photographie est une expression autonome. Lorsqu'on termine la lecture d'un roman, on est imprégné de telle ou telle atmosphère. Ici, en mêlant les visions et en télescopant le temps, on crée une atmosphère, non dirigiste, qui permet à chacun de contempler à sa guise et est un tremplin pour sa propre rêverie, pour sa contemplation : l'image parle à l'imaginaire. L'autre but est, en rapprochant des photographies étagées dans le temps, de provoquer une "réalité" dont seule la photographie sait rendre compte.

Le Centre Georges Pompidou est essentiellement tourné vers l'art moderne et contemporain, or, on trouve des images du XIXe siècle dans cet album ?

C'est essentiellement pour souligner l'importance du temps en photographie. Les photos de Teynard montrent une Egypte que nous ne verrons plus jamais, mais, grâce à ces photographies, une autre image de l'Egypte existe, telle qu'elle a pu être pendant plusieurs siècles. Cette vision rétrospective permet de mieux imaginer l'effet, dans cent trente ans, que produiront par exemple les photographies de William Klein. Nous possédons des images de l'assassinat du Président Kennedy, si nous avions des documents équivalents sur la fin de César au Sénat, nous les conserverions avec autant de soin et d'intérêt que tous les documents ou œuvres d'art qui ont pu exister. Par ailleurs, dans cet album, nous montrons des images de Puyo, Teynard, Regnault dont les "négatifs" n'existent plus. Les seules traces que nous possédions sont quelques fragiles tirages, en général uniques, ou des reproductions imprimées dont nous avons dû faire des contretypes. Dans ce cas, en plus de la fidélité indispensable à l'œuvre originale, cet album joue un rôle de conservation, de sauvetage de "traces" inconnues et d'instants de grande valeur.

Nous découvrons des images inconnues, mais vous n'avez pas reproduit des photographies connues. Pourquoi ?

La conception de l'album ne cherche pas à en faire un reflet de ce que l'on connaît déjà de l'histoire de la photographie classique. Pour mettre l'accent sur le fait visuel, il fallait éviter de passer par l'intermédiaire de photographies trop connues qui auraient dessiné une évolution trop figée de la photographie. Il n'y a pas une seule façon de photographier, chacun doit rechercher ce qui lui est profondément particulier pour créer son expression de l'image sans laquelle aucun photographe n'existe vraiment. De même qu'il n'y a pas une seule façon de photographier, il ne peut y avoir une seule façon de regarder la photographie. Pour ma part, je suis intéressé par ce que j'appellerai les "photographes-mutants". Ceux qui font évoluer l'histoire du regard et ses possibilités d'expression. Lorsque ce choix est fait, il ne faut pas oublier que la photographie est avant tout un jeu visuel avec l'imagination et l'album avant tout un objet visuel qui doit utiliser cette force visuelle, quel que soit le propos global. Il s'agit de donner à voir et rendre présente une charge poétique que l'on reçoit. Il n'est pas question de diriger la photographie, qui n'est jamais objective et ne peut donc être un "témoin objectif de la réalité". Il ne faut surtout pas la canaliser vers une démonstration autre que visuelle, sous peine d'alourdir ou d'amoindrir son impact visuel.

Finalement, comment définir cet album ?

Un des photographes publiés dit : "Une photographie est ce qu'elle a l'air d'être". On pourrait parler ainsi de ce livre. Il est un ensemble d'images photographiques et ne cherche aucune démonstration que celle de l'existence d'un regard, à chaque fois différent, mais communiant avec les autres par le simple fait photographique.

Propos recueillis par Christian Caujolle

INTERVIEW WITH PIERRE DE FENOYL

This book is neither a catalogue, nor a work on a specific subject, nor a study of a certain photographer. How would you describe it?

It's an album, the first in a series of which one will appear each year. For this first volume, I thought it essential to present the evolution of photographic vision from the beginning of photography up to today.

Each specialist of the history of photography can suggest a different approach, but the important thing is to respect a photographic identity which tends to present rather than to demonstrate; to show the eclectisism of the photographers as well as the various paths they have taken. This was my prime objective. Secondly, I wanted to have photography appear as the independant means of expression which it is. When you finish reading a novel, you are filled with one sort of atmosphere or another. Here, by blending visions and telescoping time, a general atmosphere is created which both allows each viewer to see in his own way, and which serves as a spring-board for his own thoughts, his own contemplation. We should remember that the image speaks directly to the imagination. Another of my objectives has been, by bringing together photographs spread out in time, to present the sort of "reality" which photography alone can achieve.

The Georges Pompidou Center is basically concerned with modern and contemporary art, yet there are many photographs from the 19th century in this album?

This is mostly to show the importance of time in photography. Teynard's photos portray an Egypt that we'll never again see but because of them, another image of Egypt can exist – the way it did for several centuries. This retrospective vision allows us to imagine the effect that the photos of William Klein, for example, will have in another 130 years. We have pictures of the Kennedy assassination. If we had the same kind of documents of Caesar's assassination at the Roman senate, we would preserve them with as much care and attention as we do all the other documents and works of art which we possess. Furthermore, this album presents the photographs of Puyo, Teynard and Regnault whose negatives no longer exist. The only trace we have of them are some delicate prints, usually just one of each, or else printed reproductions of which we have had to make duplicates. In this case, besides being strictly faithful to the original work, this album represents the preservation and salvaging of unknown "prints" and of priceless moments.

We discover here many previously unknown images, yet why haven't you reproduced any well known photographs?

The idea of this album is not to reflect what we already know about the history of traditional photography. In order to emphasize the visual theme, it was necessary to avoid going through the intermediary of well known photographs which would have sketched a much too static evolution of photography. There is not simply one way to photograph: each photographer must seek what is fundamentally particular to himself to create his own expression of the subject – otherwise, no photograph can really exist. Just as there is not simply one way to look at photography. What I am truly interested in are what I would call the "changing photographers" (growing photographers), those who make the history of the view and its expressive potential evolve. When the selection is made, it should be kept in mind that photography is above all a visual game with the imagination, and the album, above all, a visual object which must make use of that visual power no matter what the theme of it be. It is primarily necessary to present and to make real the poetic charge that you've felt. Photography must not be directed for it is never objective and thus cannot be an "objective witness of reality". In particular, it should never be channeled toward a demonstration other than visual, for that would burden it and reduce its visual impact.

Finally, how would you define this album?

One of the photographers appearing here said, "A photograph is what it looks like". You could say the same thing of this book. It is a group of photographic images and seeks to demonstrate nothing other than the existence of a look, each one different, but each communing with the others by the simple medium of photography.

Interview by Christian Caujolle

VICTOR REGNAULT

1810-1878. Membre fondateur de la Société Française de Photographie qu'il présida de 1855 à 1868, il fut associé à toutes les découvertes de la première époque de la photographie. Particulièrement connu pour ses travaux sur le papier ciré et la conservation des épreuves, ce chimiste et physicien n'était pas vraiment reconnu comme créateur.

Les photographies anciennes sont un piège. Un des multiples pièges du temps qui, par leur histoire même, nous interpellent et nous émeuvent avant même de nous parler.

Bien sûr, il n'est pas indifférent que Victor Regnault ait réalisé si tôt, sous Louis-Philippe, des photographies totalement différentes de celles que produisaient les photographes de son époque. On pourra s'extasier sur la composition et l'éclairage de sa Dame, cinquante ans avant la *Lettre* de Stieglitz, on pourra crier au prodige devant certains paysages et qualifier de "modernes" ses portraits en situation. Cela ne servira qu'à accentuer une mode inquiétante, une mode qui consiste à décerner des prix posthumes, à désigner le premier-qui-cent-ans-avant-untel et à avaliser une côte exhorbitante que d'habiles marchands exploiteront en se justifiant d'une histoire artificielle de la photographie.

La réalité – et ces photographies en sont une et non des moindres – est tout autre. Oublions la date et regardons. Nous n'avons pas besoin de savoir que les images de Regnault n'étaient pas reconnues par ses contemporains pour être heureux de les voir aujourd'hui.

Heureux de ce gamin saisi dans son sommeil comme l'évidence candide que nous voudrions avoir gardée de tant d'enfants, heureux de cette galerie de portraits de savants que les instruments accompagnent pour une valse de "portraits psychologiques".

En fait, quand le choc provoqué par une image se double de ce petit regret qui affirme que nous avons été incapables de voir l'instant privilégié, la photographie existe. Comme existe, à l'évidence, le plaisir tranquillement visuel de Regnault captant lumières, attitudes, tranches de vie et souvenirs personnels.

Il en est ainsi des photographes curieux et modestes qui attendent que la situation provoque la photographie. La spontanéité de l'image accentue son évidence et la relation affective parle d'elle-même, sa force, c'est d'exister en accord immédiat avec nos possibilités de regard.

Ces "instantanés" où la lumière inscrit définitivement l'envie de savoir nous obligent à refuser l'archéologie, ils vivent une volonté photographique, une curiosité tour à tour émue, amusée, surprise. Une démarche que nous sommes heureux de rencontrer quand une image, hier ou aujourd'hui, sait la qualifier.

Bibliographie :

Caméra, 1978.
Le Nouveau Photo Cinéma n° 74, décembre 1978.
Le Photographe n° 1359, avril 1979.
Victor Regnault, œuvre photographique.
Catalogue de l'exposition.
Paris : Musée des Arts Décoratifs, 1979.
Victor Regnault, calotypist. André Jammes.
Une invention du XIXe siècle, la photographie.
Paris : Bibliothèque Nationale, 1976.

Reproductions, pages :

VICTOR REGNAULT

1810-1878. Founding member of the Société Française de Photographie, of which he was Chairman from 1855 to 1868, he was closely associated with all the salient discoveries and innovations of the early period of photography. As a chemical researcher, he was particulary renowned for his work in connection with the preservation of photo prints, but was never fully appreciated as a creator.

Antique photographs can be a trap; one of the many lures of time which, by their historic nature, rivet our attention and stir our emotions.

It is significant, however, that in the time of Louis-Philippe, when photography was in its infancy, Victor Regnault was already producing work totally distinct from that of his contemporaries. We may applaud the composition and lighting of his Dame, realized fifty years before the Letter of Steiglitz; we may laud certain landscapes and qualify his situational portraits as "modern", but this only serves to emphasize a disquieting tendency of awarding posthumous prizes, calling attention to the "first-who-100-years-before-Mr. So-and-so", thereby endorsing an exhorbitant speculation which adroit dealers will not fail to exploit under the aegis of a bogus History of Photography.

The truth – and these photographs make up a large part of it – is quite different. It is not indispensable to know that Regnault went unrecognized during his lifetime. To appreciate his worth today, let us look and forget the dates.

We are captivated by this slumbering child who is the candid example of all children, captivated also by Regnault's gallery of scientists with their instruments composed like a waltz of "psychological portraits".

In fact, a photograph exists from the moment that the shock projected by an image is underscored by our nostalgia for a unique instant, forever lost. Thus does the serenely visual pleasure of Regnault seem to exist, snaring light, poses, slices of life and personal souvenirs.

So it is with curious and modest photographers who are searching for situations demanding to be photographed. The evidence is enhanced by the spontaneity of the image; with the cohesive affectionate relationship between author and subject self-evident. Regnault's strength is his immediate ability to exist in harmony with our possibilities of seeing.

These "snapshots" in which light has once and for all recorded the desire to comprehend, compell us to turn our backs on archeology. They correspond to a photographic will, a curiosity which is variously fervent, amused or disconcerted. A method which we are delighted to encounter when an image, whether of yesterday or today, achieves in conveying it.

Bibliography :

Caméra, 1978.
Le Nouveau Photo Cinéma n° 74, December 1978.
Le Photographe n° 1359, April 1979.
Victor Regnault, œuvre photographique.
Catalogue de l'exposition.
Paris : Musée des Arts Décoratifs, 1979.
Victor Regnault, calotypist. André Jammes.
Une invention du XIXe siècle, la photographie.
Paris : Bibliothèque Nationale, 1976.

Reproductions, pages :

Regnault

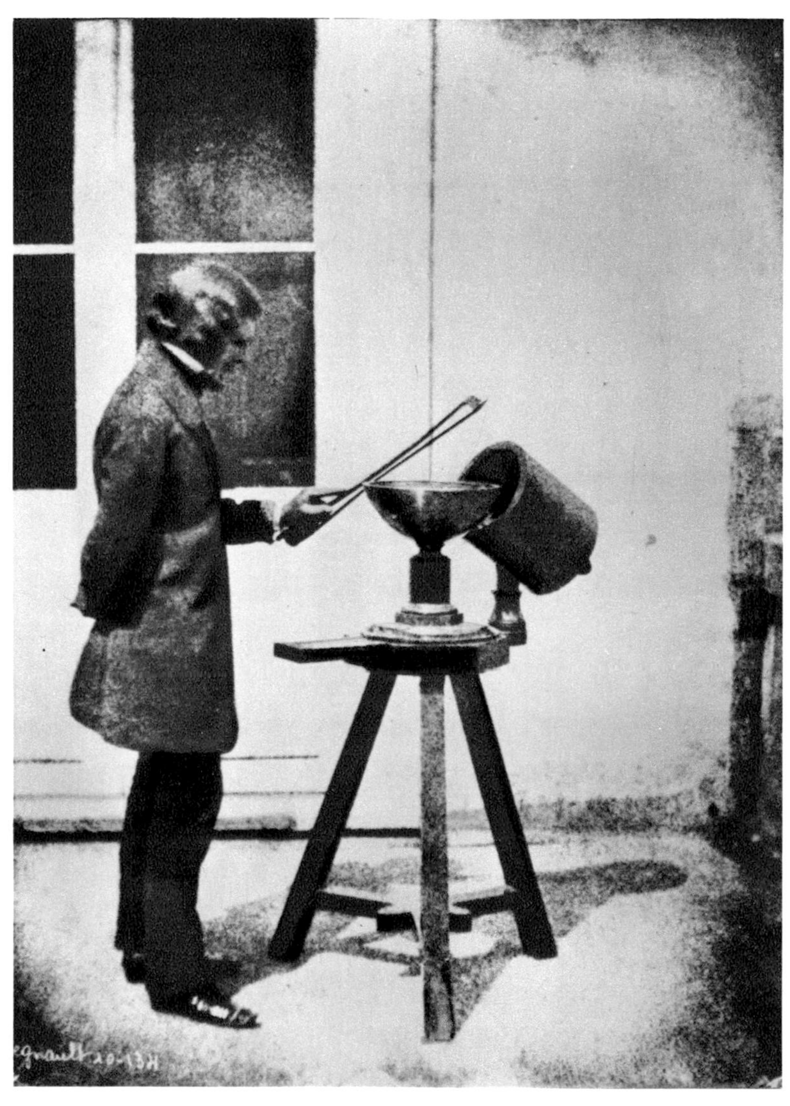
egnault 20-134

Regnault 10-132

11-147

Regnault 8-110

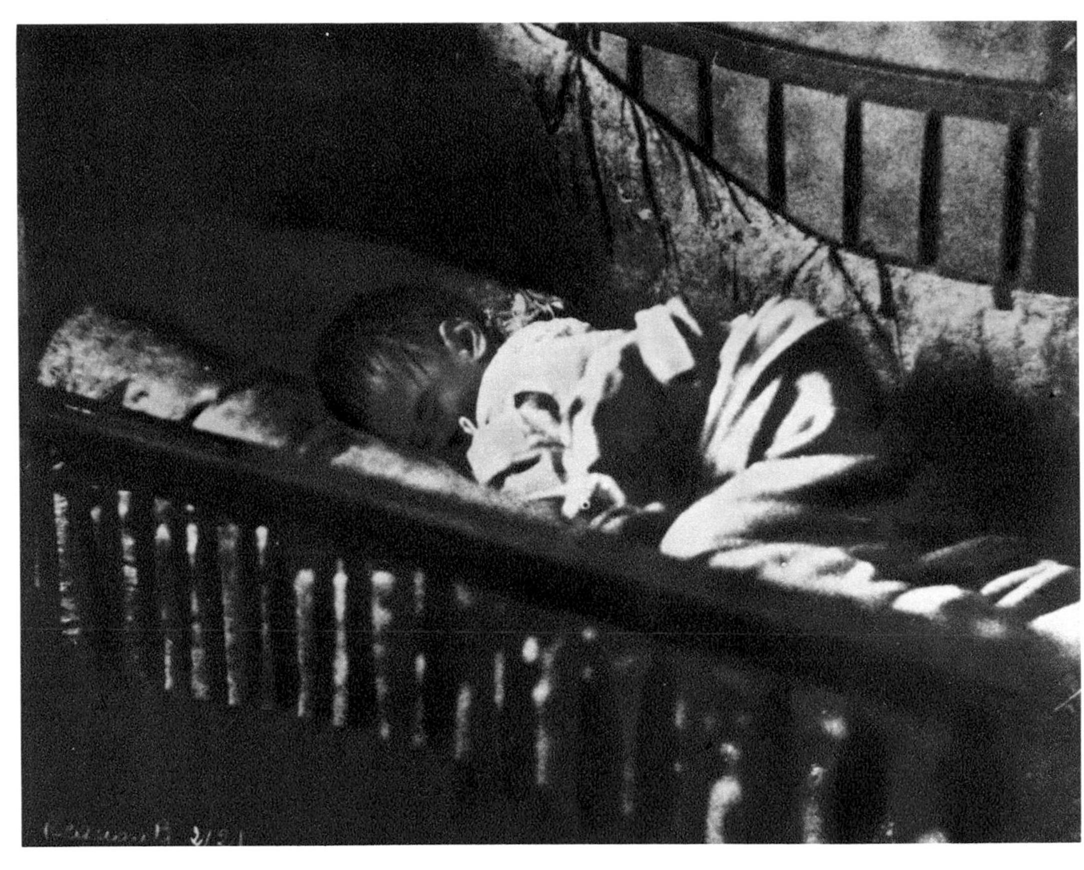

Regnault 3/39

FELIX TEYNARD

1817-1892. Ingénieur grenoblois, voyagea longuement en Egypte et en Nubie en 1851-1852, puis en 1869. Il en rapporta ces images, publiées sous forme d'un album, qui constituent son seul travail photographique connu.

Emouvantes. C'est certainement le seul qualificatif qui puisse convenir à ces images que, dans les années 1850, Félix Teynard a rapporté d'Egypte et de Nubie.

Emouvantes par le sujet, bien-sûr. Par ces pyramides et ces sphynx à demi ensablés, par ces ruines de temples que menace la végétation et dont l'équilibre semble miraculeusement expulser les entrailles pierreuses de l'organisation domestique. Nous ne les verrons plus jamais ainsi, plus touchants que monumentaux dans leur beauté venue du fonds du temps et confrontée à lui.

Ces photographies rendent compte d'une des premières civilisations préoccupées des rapports de formes dans l'espace, elles sont vieilles de plus d'un siècle et illustrent une de nos références culturelles. Les relations multiples du temps et de l'espace qu'elles mettent en œuvre ne peuvent être que troublantes pour nous.

Gardons-nous cependant de penser que ces images sont d'un "modernisme étonnant". Elles portent la marque d'un regard qui allie l'évidence à la naïveté et, si certains jeunes photographes conceptuels ou l'humour d'un Duane Michals retrouvent face à ces ruines ces qualités d'étonnement, ils le font dans le cadre d'une démarche. Ici, seul le choc de la découverte lié à une conception architecturale de la perfection pouvait, au moment où la photographie balbutiait les traces de sa mémoire, placer l'objectif exactement en face de la pyramide et renvoyer l'équilibre du trépied à celui du monument.

L'œuvre photographique de Teynard n'existe pas, mais son voyage est incontestablement un parcours d'images. Celui qui permet de saisir en contre-plongée la façade d'un temple habitée de colosses de pierre ou, plus étonnante encore, cette image de tables de pierre gravées de signes mystérieux et perçues dans l'ingénieuse organisation de leurs formes appuyées au chaos.

Documents de voyage, ces photographies demeurent le constat accepté d'un choc culturel. Et ce ton, parfaitement accordé au sujet, surprend par sa rigueur qui se développe à cent lieues de la vogue orientaliste que connaît alors la peinture.

La beauté d'une frondaison, le graphisme d'un palmier, la granulation d'une pierre exigent une telle rigueur sous peine de laisser le discours se substituer à l'image.

Bibliographie :

Félix Teynard a publié un seul ouvrage : ***Egypte et Nubie :*** "Sites et monuments les plus intéressants pour l'étude de l'art et de l'histoire. Atlas photographique accompagné de plans et d'une table explicative servant de complément à la grande ***Description de l'Egypte***". 2 volumes, Paris : Goupil éditeur, 1853 à 1855.
On trouve ce très rare album dans les collections de la Bibliothèque Nationale, au Musée du Louvre, à la Bibliothèque du Palais Bourbon, à Paris et au British Museum de Londres.
On trouvera des renseignements et des reproductions in : ***En Egypte au temps de Flaubert.*** 1839-1860, les premiers photographes. Catalogue de l'exposition. Paris : Kodak-Pathé, 1976.

Ces images sont reproduites d'après les contretypes réalisés sur l'album ***L'Egypte et la Nubie*** de la Bibliothèque Nationale (Paris). Pages :

FELIX TEYNARD

1817-1892. Engineer in Grenoble, he nevertheless had occasion to travel widely in Egypt during the years 1851-1852 and again in 1869. He brought back many photographs taken during his travels. Unfortunately, his only known pictures are those published in the form of an album.

Emotion: surely the only word which suitably describes the photos which Félix Teynard brought back from Egypt and Nubia in the 1950's.

They are particularly moving because of the subjects: pyramids and sphinxes half buried in sand, temple ruins so threatened by encroaching vegetation, that their stony entrails seem to be miraculously expelled from their basic structure. We shall never again see them like this; more touching than monumental, with a beauty that is both timeless and a challenge to the future.

These photos, more than a century old, relating the story of one of the first civilizations concerned with the relationship of form in space, represent a most valuable cultural reference. The interplay of time and space which they depict can be nothing but disturbing for us today.

We must not, however, think of these photos as "surprisingly modern". They combine fact with naivete and, if certain young conceptual photographers, or someone with the sense of humor of a Duane Michals, seem to discover these same qualities of astonishment, they do so intentionally. For Teynard, only the visual shock of discovery allied to an architectural conception of perfection, could make him place the lens directly in front of the pyramid and project the symmetry of the tripod upon that of the monument, at a time when photography was just beginning to murmur the origins of its memory.

Teynard's photographic work does not really exist, but his voyage is definitely a travelogue of images: one which gives you a low angle view of the front of a temple inhabited by stone colossi; even more amazing is the image of stone tables engraved with mysterious symbols captured in the brilliant organization of their forms against a chaotic background.

As travel documents, these photographs are the testimonial of an emotional and cultural shock. The tone of the work is in perfect harmony with the subject, although astonishingly stark, having evolved far from the orientalist fad which painting was then undergoing.

The beauty of foliage, the silhouette of a palm tree, the texture of stone, all require a precision which no verbal description can replace.

Bibliography:

Felix Teynard only published a single work, ***Egypt and Nubia,*** "including the most interesting sites and monuments for the study of art and history, and a photographic atlas with plans and an explanatory catalogue completing the great Description *of Egypt*". 2 volumes, Paris : Goupil éditeur, 1853 and 1855. This very rare album can be found in Paris: in the National Library's collection, at the Louvre Museum, at the Palais Bourbon's Library and also in London's British Museum.
Particulars and reproductions are available in:
En Égypte au temps de Flaubert. Kodak Pathé 1976.

The following pictures are reproductions from the National Library's album : ***Egypt and Nubia.*** Pages:

26 Djîzeh (Necropolis of Memphis). Sphinx and pyramids.
27 Djîzeh (Necropolis of Memphis). Cheops pyramid.
28 Seboûah. Temple, colossus and sphinx on the avenue's left side.
29 Kardâcy. Sanctuary, nooks and inscriptions carved in the quarries.
30 Seboûah. General view of the Temple.
31 Karnak (Thebes). Third pylon. Calcite colossus.
32 Tafah (Taphis). View of the temple inside the village.
33 Kôm-Ombou (Ombos). General view of the ruins.
34 Assouan. Arabian graveyard. Tomb inscriptions.
35 Esneh (Latopolis). Silted up building. Architrave, shaft and capitals.
36 Abou-Simbel. Little Speos: central part of the facade.
37 Esneh. Date-trees, sycamore and coffee-shrub on the Nile banks.

EMILE-JOACHIM-CONSTANT PUYO

1857-1933. Principal représentant du pictorialisme avec Demachy, il a dirigé le Photo-Club de Paris et fondé la *Revue Photographique.* Commandant, il abandonne la carrière militaire en 1902 pour se consacrer à la photographie à Paris, puis à Morlaix à partir de 1926.

La découverte de ces vues panoramiques de Puyo illustre à la fois notre méconnaissance de l'histoire de la photographie et les contraignantes possibilités données aux amoureux de l'image.

Puyo n'est pas un inconnu. Il aurait même tendance à faire partie des noms que l'histoire ne peut ignorer. Systématiquement désigné avec Demachy comme représentant la pratique "pictorialiste" au début du siècle, il n'existe souvent qu'en citation. Et il est exact qu'il reste avant tout un défenseur de l'image en train de se révéler quand, au sein de la S.F.P., du Photo-Club de Paris ou de la *Revue Photographique,* il s'applique à regrouper et confronter les photographes auxquels il montre ses images impressionnistes. Volonté de battre la peinture sur son propre terrain ou sensibilité particulière à un romantisme du réel, il nous laisse des images au grain doux et apparent, de belles dames que l'ombrelle accompagne dans les vergers brumeux et des femmes au balcon dont nous pouvons trouver l'équivalent "reconstitué" dans les collections de plus d'un musée.

Mais il a également réalisé ces vues horizontales qui, a partir d'une possibilité technique, libèrent les limites du regard. Si, essayant en Italie un nouvel appareil, il s'extasie sur la nouveauté, la vision de Morlaix qu'il fixe à la fin de sa vie prouve son intérêt pour le "format long".

Il y aurait beaucoup à dire sur les relations entre les possibilités techniques, les formats et l'esthétique de la photographie ; sur la suprématie du 24 x 36 par exemple. Mais ici, il s'agit de tout autre chose, de la perception en images que la photographie est une réalisation dépendante de multiples rencontres. Celle, ici, de l'horizon et de la verticalité qui répartit les masses sur la ligne de fond.

Cette vague roulante, arrêtée dans son avance écumeuse comme pour soutenir les voiliers qui rythment l'horizon, ces prêtres étagés dans la perception rectangulaire d'une colline romaine n'auraient pu exister sans l'extension panoramique du papier sensible.

Et là, sans préoccupation artistique référée aux musées existants, Puyo nous étonne de l'étrangeté d'une statue tractée à bras d'homme dans les rues de Florence, il possède l'extension graphique des perspectives qui s'ouvrent à lui.

Tout se passe comme si le format, agrandi dans une de ses dimensions, offrait un supplément de regard en obligeant à des cadrages savants, ceux qui sont impitoyables pour les images sans structure.

Bibliographie :

Le procédé à la gomme bichromatée.
Traité unique et élémentaire à l'usage des commerçants.
Paris : Photo-Club de Paris, 1904.
Les objectifs d'artistes.
Pratique et théorie des objectifs et téléobjectifs anachromatiques (avec L. de Pulligny). Paris : Photo-Club de Paris, 1906.
Le procédé Rawlins à l'huile. Paris : Photo-Club de Paris, 1907.
Reproductions in :
Camera n° 12, décembre 1970.
Une invention du XIXe siècle, la photographie.
Paris : Bibliothèque Nationale, 1976.

Reproductions, pages :

40	Florence
41	Photographie réalisée en 1920 au cours d'un voyage en Italie
42	Les Iles Borromées
43-46	Photographies réalisées en 1920 au cours d'un voyage en Italie
47	Morlaix

EMILE-JOACHIM-CONSTANT PUYO

1857-1933. Along with Demachy, Puyo is considered the most representative of the pictorialists. He directed the Photo-Club de Paris and founded the *Revue Photographique*. In 1902, he retired from the army with the rank of Major to devote all his time to photography in Paris until 1926 when he moved to Morlaix.

These panoramic views of Puyo are evidence of our ignorance of photographic history and of the constraints forced upon those who truly appreciate photographs.

Puyo is not unknown; he is actually one of the names history cannot ignore. Although often given a brief citation, he is considered to be, along with Demachy, the most representative of the "pictorialist" technique of the turn of the century. He was then above all a champion of photography still in its infancy and, within the S.F.P., Photo Club de Paris, and the *Revue Photographique*, regrouped the photographers and showed them his impressionist pictures. With a desire to conquer painting on its own ground, or owing to a particularly romantic feeling about reality, he left us photos with soft grainy textures, beautiful women with parasols in misty orchards, and women on balconies. Many pictures imitating this style can be found in the collections of various museums.

He also produced these horizontal views which, by use of specific techniques, give a wider vision of the subject. Although he was enthused by novelty when trying a new camera in Italy, his vision of Morlaix in Britanny, towards the end of his life, proves that he was truly interested in the "long format".

Much could be said about the relationship between technical possibilities, formats, photo esthetics; about the superiority of the 24 x 36, for example. But there is something more important. Photography means encounter of multiple images. Here we have the horizon, plus a verticality which spreads mass along the distant background.

The rolling wave, captured in its foamy advance as if supporting the sailboats dancing on the horizon; or the priests tiered in the rectangular perception of a Roman hill, could not have existed without the panoramic extension of sensitized paper.

Here again, without considering the artistic dictates of museums, Puyo surprises us with the sight of a statue carried through the streets of Florence. He grasps the formal extensions of the perspectives before his eyes.

Everything developes as if the format, enlarged in one of its dimensions, allowed another angle on the image by means of skilful cropping, so merciless to pictures without sound construction.

Bibliography:

Le procédé à la gomme bichromatée.
Traité unique et élémentaire à l'usage des commerçants.
Paris : Photo-Club de Paris, 1904.
Les objectifs d'artistes.
Pratique et théorie des objectifs et téléobjectifs anachromatiques (avec L. de Pulligny). Paris : Photo-Club de Paris, 1906.
Le procédé Rawlins à l'huile. Paris : Photo-Club de Paris. 1907
Reproductions in :
Camera n° 12, December 1970.
Une invention du XIXe siècle, la photographie.
Paris : Bibliothèque Nationale, 1976.

Reproductions, pages :

BUTI
Brothers

THEO BLANC ET ANTOINE DEMILLY

Théo Blanc né en 1898 et Antoine Demilly 1892-1964, photographes lyonnais qui, entre 1924 et 1964 réalisèrent de nombreuses vues de leur ville et des célébrités qu'ils rencontraient. Ils possédaient un magasin de fournitures photographiques, un studio et un laboratoire pour travaux d'amateurs, et furent durant de nombreuses années le point de rencontre de tous les photographes de la région lyonnaise.

Il y a des images que l'on croit connaître depuis toujours et qui nous étonnent enfin quand un photographe nous les révèle.

Ces photographies venues du studio lyonnais de Blanc et Demilly en sont la preuve une fois de plus indéniable. Exemplaires dans leur clacissisme, dans leur valeur reconnue et très "photo française", elles ne sont pas le fait d'un de ces géants de la photographie qui nous obligent à regarder l'image autrement. Ces graphismes de la Cité de Guignol, publiés en 1933, ne sont qu'une infime partie des images d'hommes qui, studio commercial oblige, ont été amenés à produire surtout des portraits du "tout-Lyon" et d'atroces bébés geignant sur leur peau de bête avant de finir dans les albums de famille.

Et pourtant, ces recherches sur Lyon, des solarisations des années 40 ou l'utilisation précoce du Leica auraient pu faire de ces deux compères une des dates de l'image fixe.

Il fallait un certain toupet pour regarder le monde de si haut, plonger sur la Place de Viste ou le Carrefour de l'Annonciade en mettant en valeur la lutte des ombres et des rails de tramways en butte à la régulière obstination des pavés.

L'attention à la lumière qui détache les arbres sur un fond neigeux en les éclairant de côté, la qualité du grain de brume qui estompe les promeneurs, le jeu des lignes, des fenêtres et des trouées lumineuses dans la Montée du Greillon, ces instants de lumière seront toujours photographiques.

Il reste le mystère de ce conciliabule sur les pentes de la Croix Rousse qu'un regard indiscret et poli a surpris en espérant nous intriguer juste assez et ces joueurs de boules qui annoncent Cartier-Bresson.

En se plaçant en haut de la Montée Bonnafous, les perspectives se heurtent et se renversent et un inconnu passait sous le bec de gaz. Peu importe le nom de celui qui a vu celà pour nous, la photographie nous parle et ça suffit.

On éprouve toujours du plaisir à tricher avec "l'œuvre" d'un photographe quand quelques images regroupées évoquent ainsi la force de Kertész. Et, loin des parcours historiques, des vues des années trente, qui n'ont souvent eu d'autre avenir que la carte postale, témoignent d'une réelle curiosité pour la qualité des belles lumières.

Bibliographie :

Les aspects de Lyon.
Publié par la Société des Amis de Lyon et de Guignol.
Mulhouse : Éditions Braun, 1933.
Charme de Lyon. Par Joseph Jolinon,
photographies d'Antoine Demilly. Lyon : Lardanchet éditeur, 1942.
Trois promenades lyonnaises. Texte de Jean Colliard.
Lyon : édition de l'auteur, 1957.
Blanc et Demilly, photographes à Lyon. 1924-1964.
Catalogue de la rétrospective
du Musée des Beaux Arts de Lyon, 1976.

Photographies extraites de *Les aspects de Lyon.*
Reproductions, pages :

THEO BLANC AND ANTOINE DEMILLY

Theo Blanc, born in 1898, and Antoine Demilly, 1892-1964, were natives of Lyons. Between 1924 and 1964 they photographed most of the notables of their city, as well as numerous sites and scenes there. They jointly owned and managed a photographic supply store, studio and laboratory which, for many years was the meeting place for both professional and amateur photographers in Lyons and the surrounding region.

There are certain scenes and sights that seem familiar and yet astonish when a talented photographer shows them to us in a different way.

Photographs from the Lyons studio of Blanc and Demilly are visual proof of this. The combined work of these two giants of photography - examplary for their classicism and for the value of their "typically French" style - compells us to look at their pictures from a different point of view. These retrospective photos of Lyons, published in 1933, are typical of commercial studios' requirements of that time devoted to portraits of city notables and of horrible babies squalling on fur rugs; portraits which inevitably ended in family albums.

The above is but a small part of their work in Lyons. The solarizations of the 40's, their early use of the Leica, this alone should have made their work a landmark in the history of still photography.

Considerable nerve was required to look down on the world from so high, focusing on the *Place de Viste* or the *Carrefour de l'Annonciade* by highlighting the contrast between shadows crisscrossing streetcar rails and the regularities of paving stones.

The attention to light detaching trees against a snowy background when lit from the side, the quality of grainy haze blurring the pedestrians, the interplay of lines, windows and illuminated surfaces in *La Montée du Greillon;* this type of scene will always be photogenic.

There remains the mystery of the little meeting on the slopes of the *Croix-Rousse,* caught by an indiscreet but polite look and photographed in the hopes of subsequently intriguing us. Also the *boule* players who foretell Cartier-Bresson.

From the top of the *Montée Bonnafous,* perspectives meet and combine as an unknown pedestrian walks beneath a street lamp. No matter who saw it, the picture speaks for itself.

One always enjoys tampering with the work of a photographer when the pictures evoke the power of Kertesz. Apart from their historical interest, these photos dating from the 1930's and which often ended as mere postcards, are still evidence of an authentic interest in the quality of light in all its forms.

Bibliography:

Les aspects de Lyon.
Published by la Société des Amis de Lyon et de Guignol.
Mulhouse : Éditions Braun, 1933.
Charme de Lyon. By Joseph Jolinon,
photographs by Antoine Demilly. Lyon: Lardanchet publisher, 1942.
Trois promenades lyonnaises. Text by Jean Colliard.
Lyon: published at author's expense, 1957.
Blanc et Demilly, photographes à Lyon, 1924-1964.
Catalogue de la retrospective
du Musée des Beaux-Arts de Lyon, 1976,

Photographs from *Les aspects de Lyon.*
Reproductions, pages :

RATEUR

HEINZ HAJEK-HALKE

Photographe allemand, né en 1898, qui, du photomontage aux études de graphismes a toute sa vie cherché la multiplicité d'expression à travers la photographie. Attaché à se libérer du réel immédiat, il propose un des grands parcours de l'image au XXe siècle.

Et si la photographie n'était pas une traduction du réel. Si l'image ne cherchait jamais à rendre compte, à figurer le monde ou sa lecture par le photographe, mais plutôt à transmettre toute sorte d'élaboration didactique, de vibration fantasmatique ou d'obsession personnalisée. Si la photographie n'était, au fond, qu'un moyen d'expression particulier qui produit, selon le mode choisi, ce que la maîtrise du photographe veut lui faire dire.

Des rayogrammes de Man Ray aux chimigrammes de Pierre Cordier, des travaux de Moholy-Nagy aux mises en scène photographiques de Bernard Faucon ou de Les Krims la photographie a toujours voulu se libérer des hasards du réel immédiat. Dans cet ensemble de pratiques, le photomontage occupe une place à part, celle du discours construit en phrases d'images organisées. La présence de trois hommes en haut de forme sur le corps nu d'une femme dit quelque chose qui n'existe dans aucune des deux images d'origine, la combinaison parle du fait des relations.

Le Bauhaus fut l'Age d'Or de ces photomontages qui, en Allemagne, permettaient d'asséner un discours didactique à l'aide d'images percutantes. C'est celà qu'imposent, avec davantage de subtilité et une tendance à l'onirisme plus marquée les travaux de Heinz Hajek-Halke. Qu'il s'agisse du portrait sublimé ou de la main qui arrête, l'expression est le fait d'un procédé.

Pourtant, on ne peut réduire Hajek-Halke aux dimensions d'un photomonteur génial. Il s'affirme avant tout comme un photographe curieux, refusant de réduire les possibilités offertes par le mode d'expression qu'il a choisi. Ses travaux photographiques postérieurs, plus précisément graphiques et non figuratifs doivent se lire en relation à ces étonnantes photographies venues des années trente.

Lorsque Hajek-Halke photographie un nu féminin, tout entier contenu dans le petit miroir circulaire que le modèle place près de son escarpin, il invente un photomontage qui existe dans la réalité et il le réalise avec autant de force que les images simples qu'il nous propose. Le portrait au verre ou le paysage en arêtes de poissons n'affirment pas autre chose qu'un pouvoir de voyance, privilège des grands photographes plus que des photomonteurs. Là s'opère le partage entre deux langages, celui de l'image et celui du discours traductible en images.

Ces photomontages ont acquis une force lumineusement sensible, exacerbée, parcequ'ils existent photographiquement avant de dire tout ce qu'ils contiennent.

Bibliographie :

Photographie expérimentale. Bonn : Athenäum-Verlag, 1955.
Photographie Graphique. Düsseldorf et Vienne : Econ Verlag, 1964.
Hajek-Halke. Berlin : G.D.L. Édition, 1978.
Heinz Hajek-Halke, Fotografie, Foto-Grafik, Licht-Grafik. Berlin : Galerie Werner Kunze, 1978.
Co-auteur de *Magie de la Photographie couleur.* Düsseldorf et Vienne : Econ Verlag, 1961.
Nombreuses publications dans les revues allemandes, japonaises, suédoises et dans des ouvrages collectifs depuis 1951.
En France, voir *Esthétique du nu dans le monde,* par Lucien Lorelle, publié par Photo Cinéma et Paul Montel en 1964.

Reproductions, pages :

HEINZ HAJEK-HALKE

From photomontage to the study of graphism, this German photographer born in 1898, spent all his life in the pursuit of multiplicity of expression through photography. Determined to liberate himself from proximate reality, he paved the way to broader horizons for 20th century photography.

What if photography was not a mere interpretation of reality; if the image was not forever trying to cognize, represent or explain the world through the photographer, but rather to communicate all sorts of didactic instruction, wraith-like vibration, personal obsession; if photography was but a certain means of expression to produce, according to the chosen mode, whatever photographic wizardry might dictate ?

From Man Ray's rayograms to Pierre Cordier 's chimigrams, from Moholy-Nagy's work to the theatricality of Bernard Faucon or of Les Krims, photography has always aspired to liberate itself from the fluke of proximate reality. Among such techniques, photomontage stands alone as discourse constructed from sentences of organized images. The presence of three men in top-hats above a woman's nude body says something which did not exist in either of the two original pictures; the combination makes a statement about relations.

Bauhaus was the golden age of photomontages which, in Germany, were the means of venting a didactic polemic through forceful images. So does the work of Heinz Hajek-Halke, though in a more subtle and dreamlike fashion. Whether the subject is a sublimated portrait or hand frozen in mid-action, the expression is the result of controlled procedure.

Nonetheless, it would be unfair to cut Hajek-Halke down to the dimensions of an inspired photomonteur. Above all he prevails as a photographer who is curious and highly aware of the possibilities offered by his chosen mode of expression. His early photographic work, more explicitly graphic and non figurative, must be contrasted with those astonishing photographs from the 30's.

When Hajek-Halke portrays a female nude reflected in a small circular mirror placed by her slipper, he invents a photomontage which exists in reality and he renders it with the same strength found in each simple image. The portrait with the glass, or the fishbone landscape attest to a gift of clairvoyance which is more the privilege of great photographers than of photomonteurs. In this case, two languages commingle, that of image and that of discourse translateable into images.

These photomontages have acquired a luminously sensitive and rough power, because they exist as photographs before announcing all they contain.

Bibliography:

Photographie expérimentale. Bonn : Athenäum-Verlag, 1955.
Photographie Graphique. Düsseldorf and Vienna: Econ Verlag, 1964.
Hajek-Halke. Berlin : G.D.L. Édition, 1978.
Heinz Hajek-Halke, Fotografie, Foto-Grafik, Licht-Grafik.
Berlin : Galerie de Werner Kunze, 1978.
Co-author of *Magie de la Photographie couleur.*
Düsseldorf and Vienna : Econ Verlag, 1961.
Numerous publishings in German, Japanese, Swedish magazines and in anthologies since 1951. In France, refer to *Esthetique du nu dans le monde.* By Lucien Lorelle, published by Photo-Cinema and Paul Montel in 1974.

Reproductions, pages :

HALT!

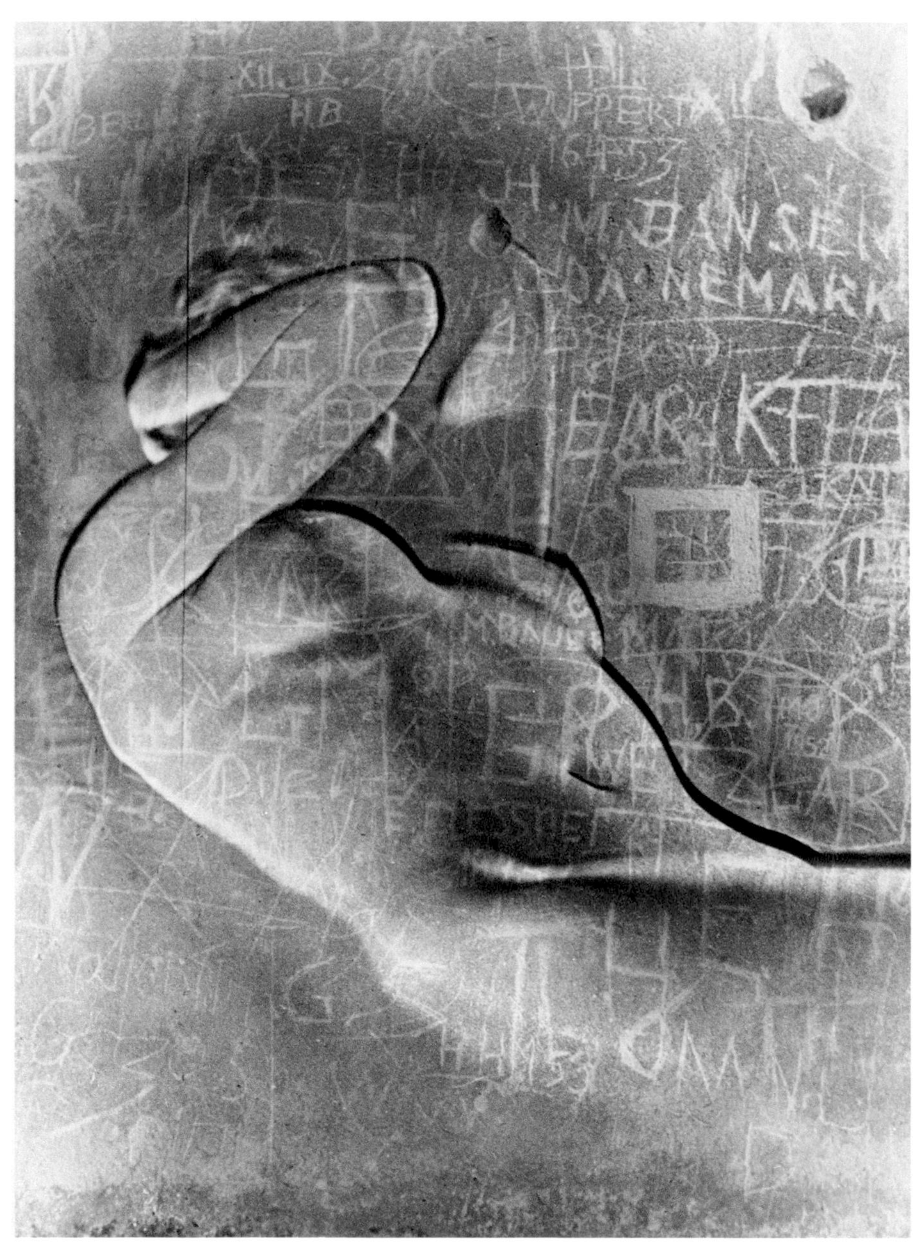
HB
DA NEMARK

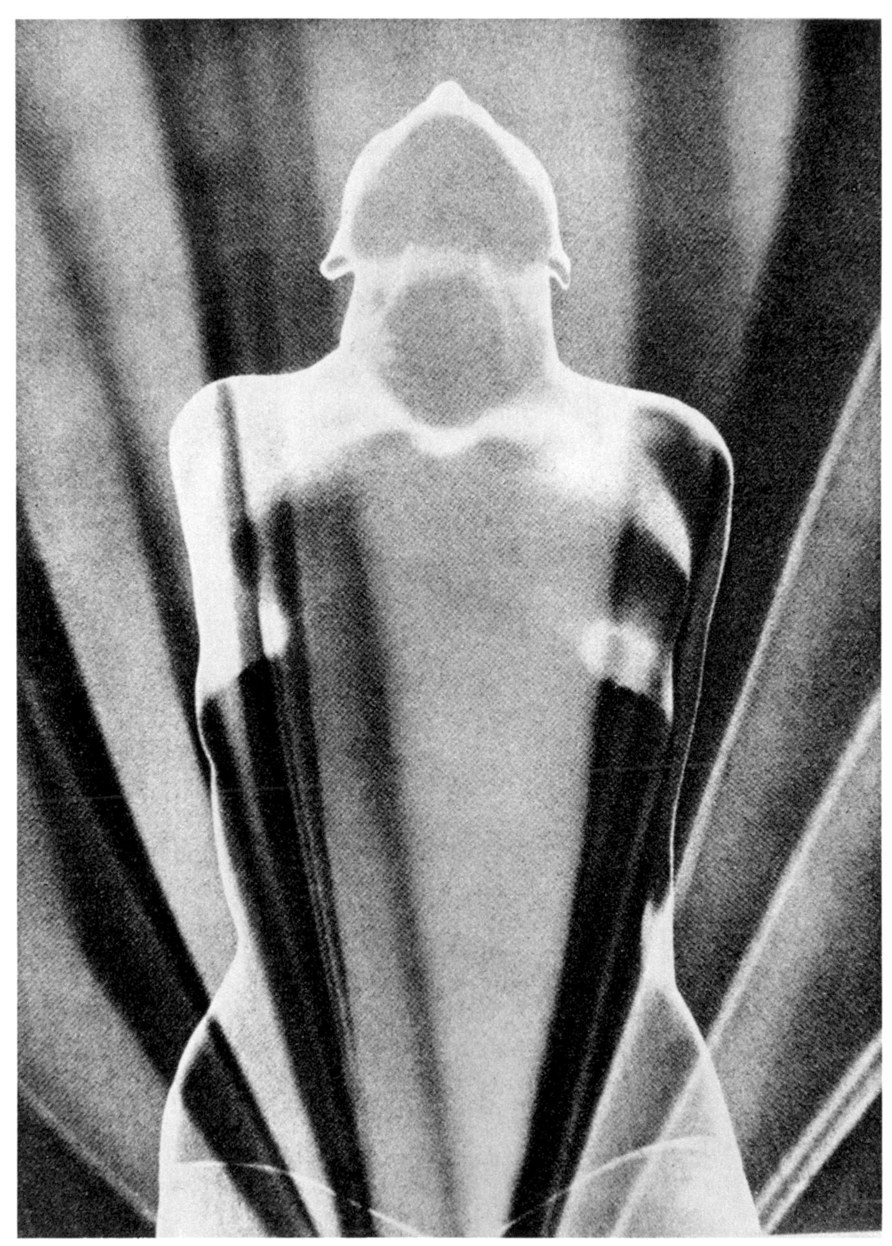

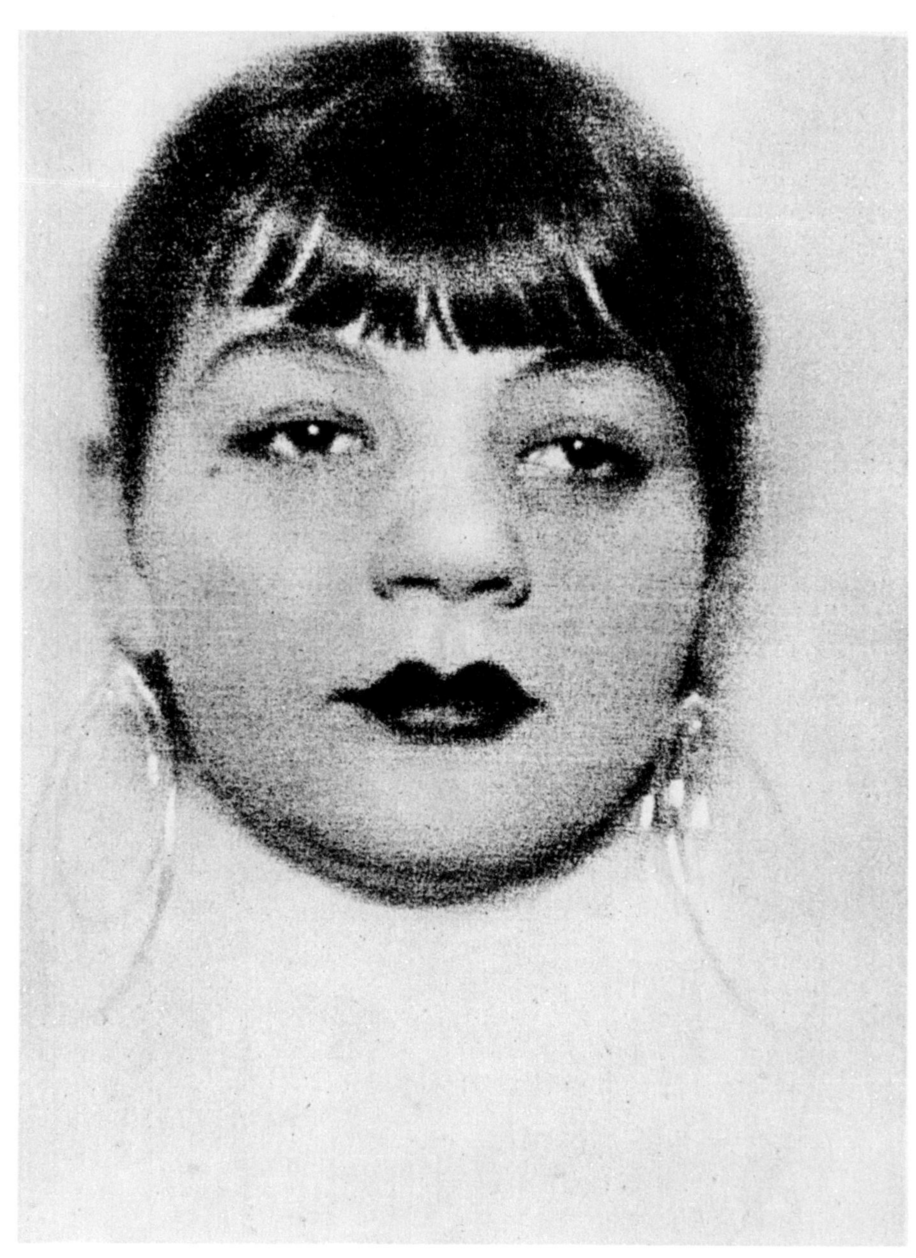

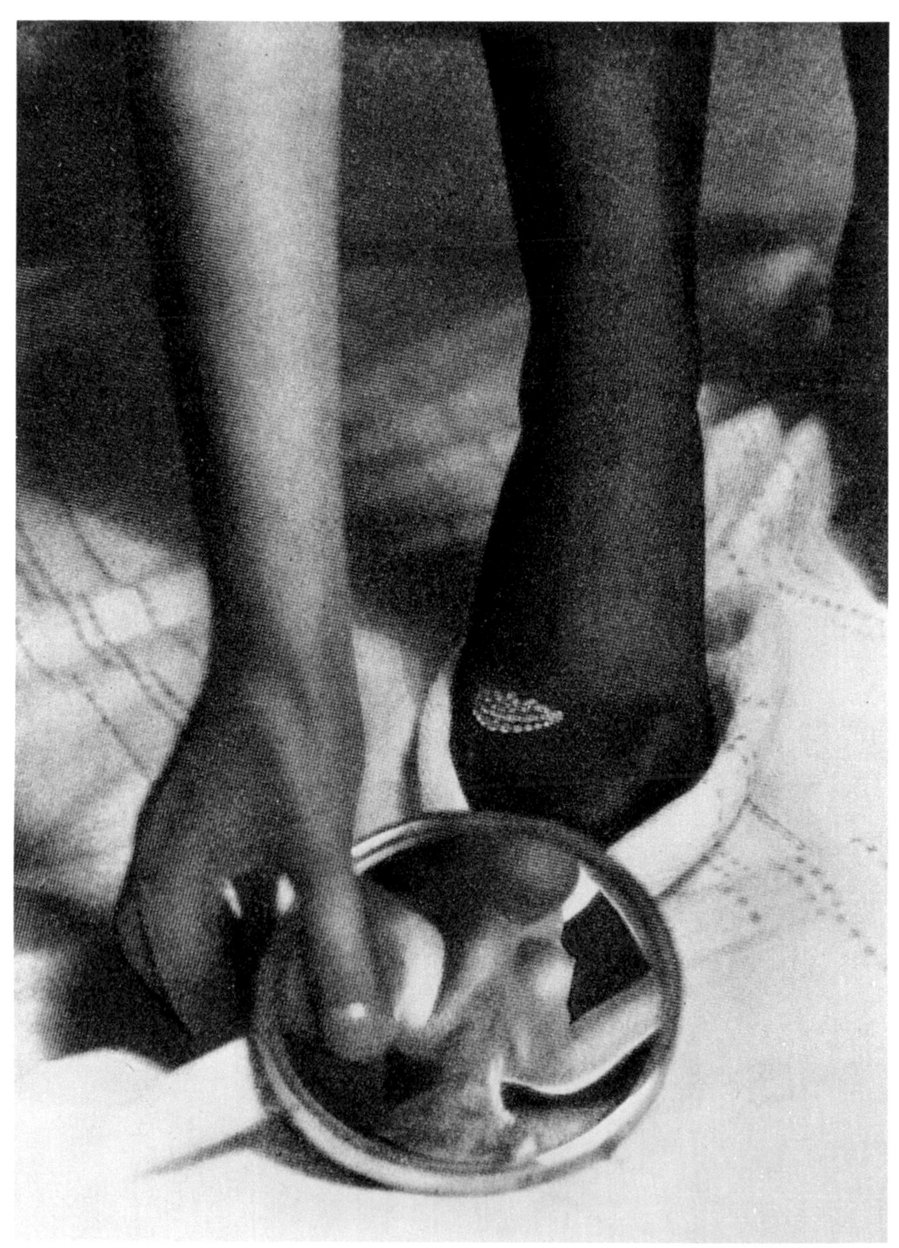

UMBO (OTTO UMBEHR)

Né en 1902. Élève du Bauhaus, peintre, photographe de publicité, portraitiste à ses débuts, ce créateur allemand participa à la grande aventure du reportage dans son pays avec Simon Guttman et l'agence Dephot. Ses archives furent perdues pendant la seconde guerre mondiale qui signa la fin de son travail collectif. Après quelques années de reportage et de photographie publicitaire, il enseigna la photographie de 1957 à 1974.

Contre-plongée sur une rue en travaux : les profondeurs de la terre libèrent des ombres qui s'affairent. Sous l'épiderme plissé, parcouru de stries, la chair s'ouvre éparpillant talus et pavés. Des planches sur un trou noir improvisent un pont. La perspective comme écrasée au sol, le brouillage des plans vertical et horizontal, créent l'illusion : les corps deviennent traces des ombres... le centre de gravité du réel se déplace dans cette frange fragile et impalpable du reflet. Impression de vertige physique, doublée de vertige de l'illusoire, comme si le sol lui-même, troué d'obscurité était vide, sans fond.

Maître en illusion, Umbo joue de toutes les ambiguités perceptives pour fragiliser le regard, traditionnellement mode de mise en ordre et de maîtrise du monde.

La vision réussit à éluder la "fatalité" d'un point de vue unique, ordonnant et fixant : en pointillé une pluralité de perspectives se dessine. Le regard appelle un contre-regard, son inverse, comme dans cette scène de rue prise de l'intérieur d'une boutique : l'inscription sur la vitrine prend place comme en surimpression, sur l'image extérieure et déplace le point de vue en introvertissant le regard. Le cercle se referme lorsque l'œil se regarde lui-même dans l'auto-portrait : la tache d'ombre de l'appareil sur les yeux remplit la même fonction d'occultation que les lunettes noires, dissimulant un regard tout en révélant la présence. Ou quand l'image ne suscite pas par elle-même de contre-regard, l'abondance d'ombres et de reflets ménage toujours chez Umbo la dimension du double, celle d'une autre vision, en mineur, perspective au sein de la perspective.

Plus profondément, l'ombre est pour Umbo à la fois présence et différence de soi à soi, signe et trouble de l'identité : éléments premiers de symétrie permettant un agencement ordonné et équilibré des volumes (jusqu'à la manie), l'ombre ou le reflet ne prennent cependant tout leur relief que comme source de distortion, comme ce qui fausse l'adéquation entre le réel et son image. Ainsi, au gré des jeux de lumière, Umbo projette sur le monde les dissociations d'un narcissisme inquiet. L'ombre altère la fidélité de l'auto-portrait, le reflet écrase en l'ondulant le motif qui orne le capot de la Horch. Distance déformante de soi à soi, l'ombre est aussi ce qui cristallise et accuse l'éloignement de soi à l'autre : un loup de velours noir occulte un sourire, étrangéité, mais aussi parfois absence ou perte de l'autre comme dans cette représentation remarquablement pure et dénudée d'une jeune femme en voile de deuil. La mort, forme ultime de la perte d'identité, hante Umbo, depuis l'attirance pour les profondeurs obscures, le souffle de putréfaction qui passe sur les corps enlacés dans les plis d'un sable gris, jusqu'à la fascination pour les mannequins de cire. Ces corps incorruptibles sont le lieu de la démultiplication indistincte, de la reproductibilité parfaite, de cette symétrie idéale à laquelle le vivant ne peut atteindre. Le mannequin de cire élimine l'autre, comme distinct de soi, supprime tout élément spécifique au profit de la reproduction du même, (le mouvement de rotation qui anime la scène suggère bien la fermeture du système).

La mort comme dernier defectus de soi à soi est métaphoriquement liée au désir narcissique, mais plus encore elle donne à Umbo l'occasion la plus achevée de satisfaire à sa névrose de l'ordre.

Bibliographie :

Es kommt der Neue Fotograf. Publié par Werner Gräf, 1928.
Foto Auge. 1929.
Film und Foto. Stuttgart : 1929.
Umbo Fotografien 1925-1933. Spectrum/Schürmann et Kicken, 1970.

Reproductions, pages :

UMBO (OTTO UMBEHR)

Born in 1902. Bauhaus student, painter, advertising and portrait photographer in the early years of his work, this german artist shared in the great adventure of reportage photography in Germany, with Simon Guttman and the Dephot Agency. His archives were lost during the second world war which marked the end of his partnership. After a few years as a reportage and advertising photographer, he taught photography from 1957 to 1974.

A low-angled shot of roadworks: from the depths of the ground emerge shadows, vibrant with life. The earth's flesh bulges beneath its scratch-marked skin, shouldering aside the hardcore and cobblestones. Planks sit squat like an improvised bridge across a black hole. It is as if the perspective lines have been squashed into the ground, creating, through the distortion of vertical and horizontal planes, an illusion in which forms are reduced to mere fragments of shadow... Along this fragile and impalpable band of light and shade, the centre of gravity of reality has been displaced. An impression of physical vertigo accompanies the vertigo created by the illusion, as if the ground itself, sunk in darkness, were an empty, bottomless pit.

Umbo is a master of illusion: he makes use of every conceivable form of perceptual ambiguity in order to destabilise the act of vision, traditionally a means of introducing order and control into the world.

Vision is freed from the "fatality" of a single, fixed, stabilising point of view: pointillist stipple affords a plurality of perspectives. One view evokes another, counter-view, its opposite, as in the street scene taken from inside a shop: the inscription on the window seems superimposed over the outdoor scene, it shifts the viewpoint by introverting the direction of vision, turning the look back on itself. When the eye looks into itself in the self-portrait, the circle is closed: the shadowy image of the camera seen across the eyes serves the same function of occultation as do dark glasses, both hiding the look and revealing its presence. When the image itself does not provoke a counterview, there is the abundant wealth of shadow and reflection which always in Umbo manage to suggest a double dimension, that of a correlative vision in a lower key, a perspective within the perspective.

More profoundly, Umbo uses shadow to indicate both convergence and divergence, both sign and disturbance of identity. While, as the immediate constitutives of symmetry, shadows and reflections provide an ordered, balanced organisation of volumes, their fuller importance is as the source of distortion, as that which undermines the equivalence between reality and image. This play of light permits Umbo to project onto the world the dissociations of a troubled, restless narcissism. A distorting element of distantiation from self, shadow also crystallises and emphasises the distantiation of self from "other": a black velvet mask covers over a smile. Disjunction, distantiated estrangement, but also at times absence and loss of "the other", as in the remarkably pure, bare presentation of a young woman in mourning. Death, the ultimate loss of identity, haunts Umbo: it is in his taste for shadowed depths, in the whiff of putrefaction that rolls over the enlaced bodies lying in the folds of grey sand, and, too, in his fascination with wax models. These incorruptible bodies hold the qualities of undifferentiated simplicity, of perfect reproducibility, of ideal symmetry, which the living can never attain.

Death as the last flight of self from self is metaphorically linked with narcissistic desire, but, even more, it provides Umbo with his most perfect opportunity to quench his manic thirst for order.

Bibliography:

Es kommt der Neue Fotograf. Published by Werner Gräf, 1928.
Foto Auge. 1929.
Film und Foto. Stuttgart: 1929.
Umbo Fotografien 1925-1933. Spectrum/Schürmann and Kicken, 1970.

Reproductions, pages:

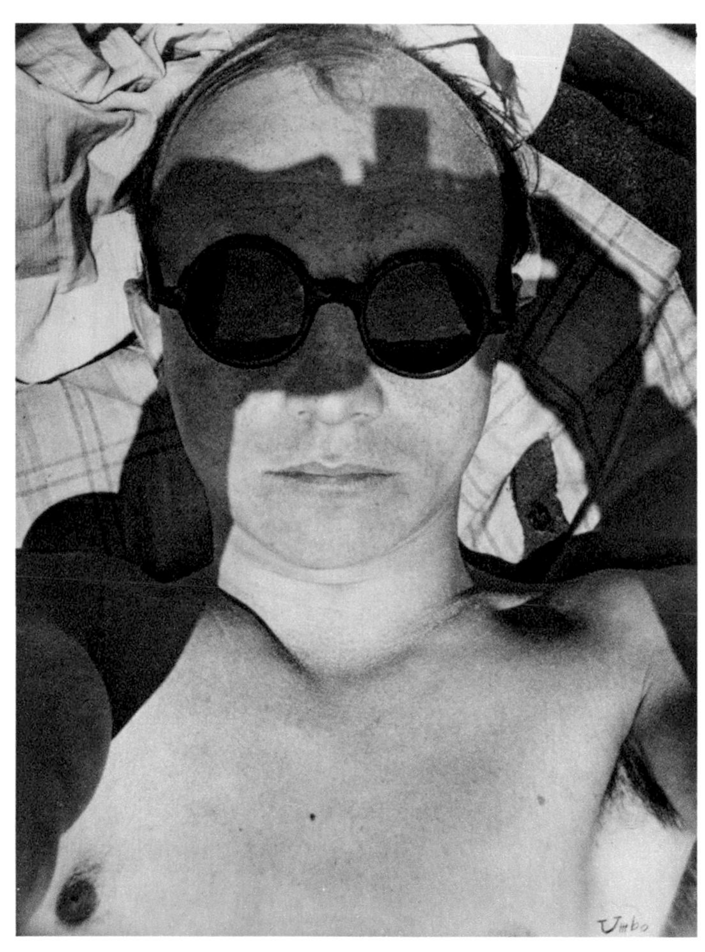
Umbo

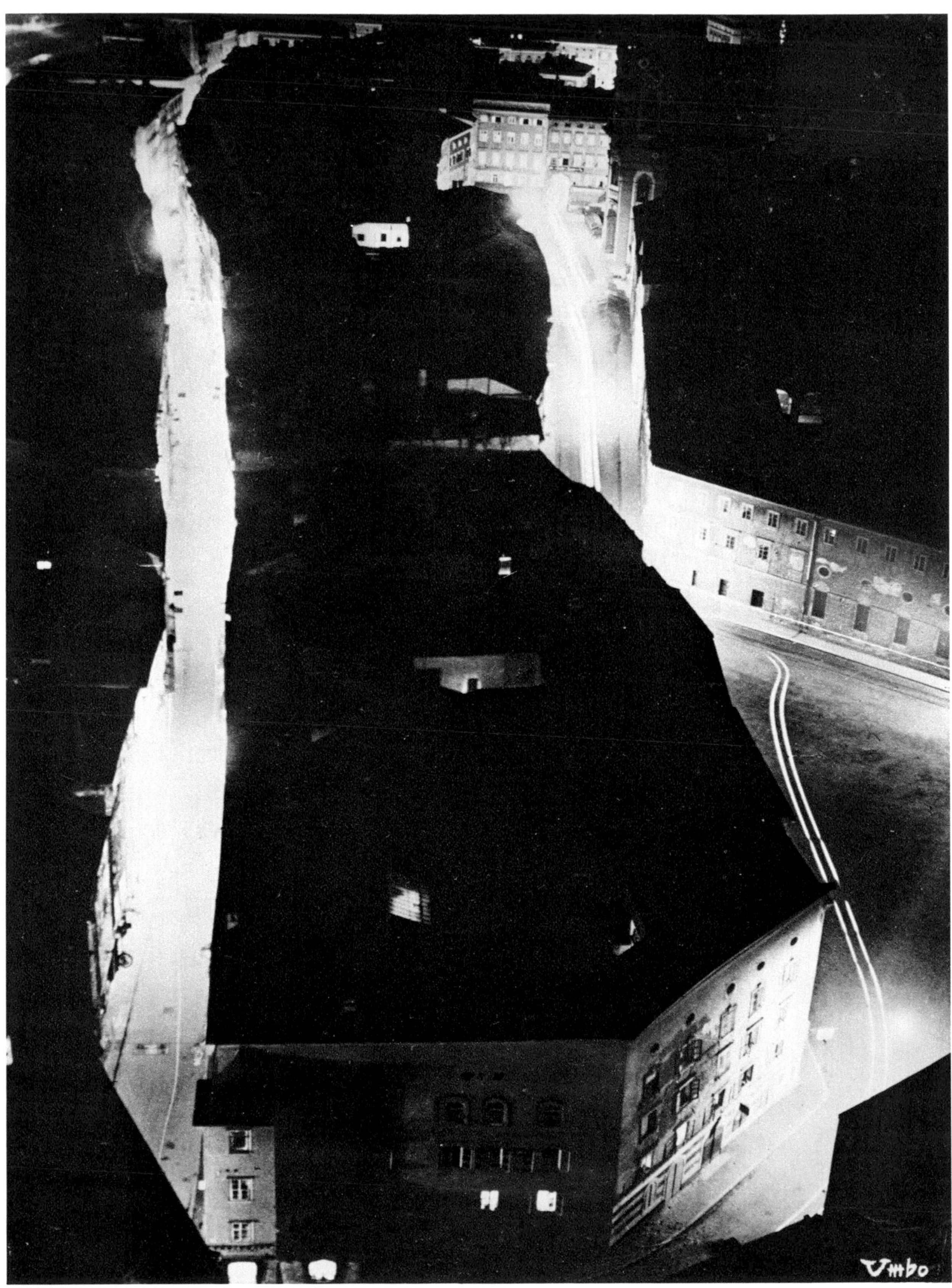
Umbo

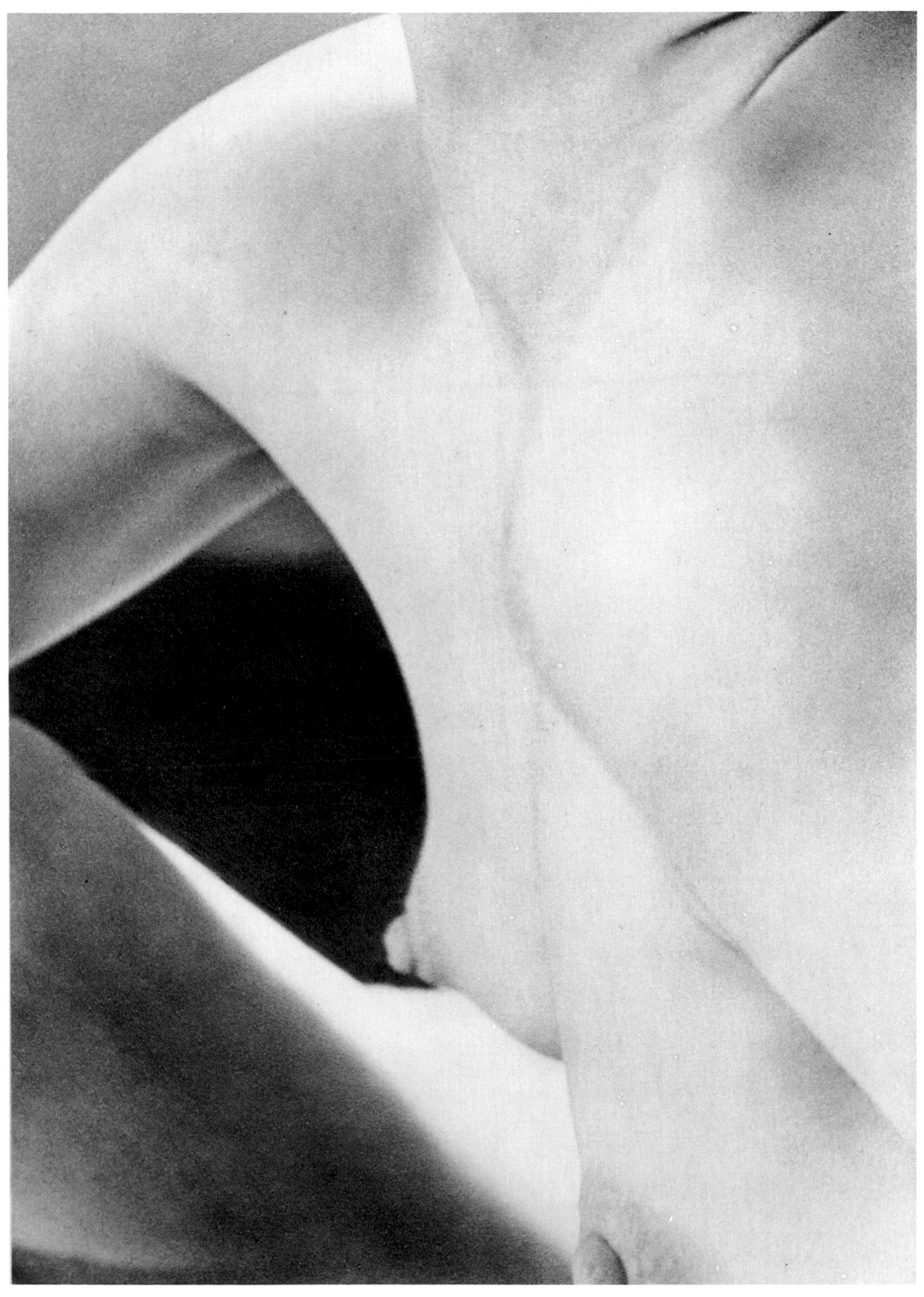

HORCH

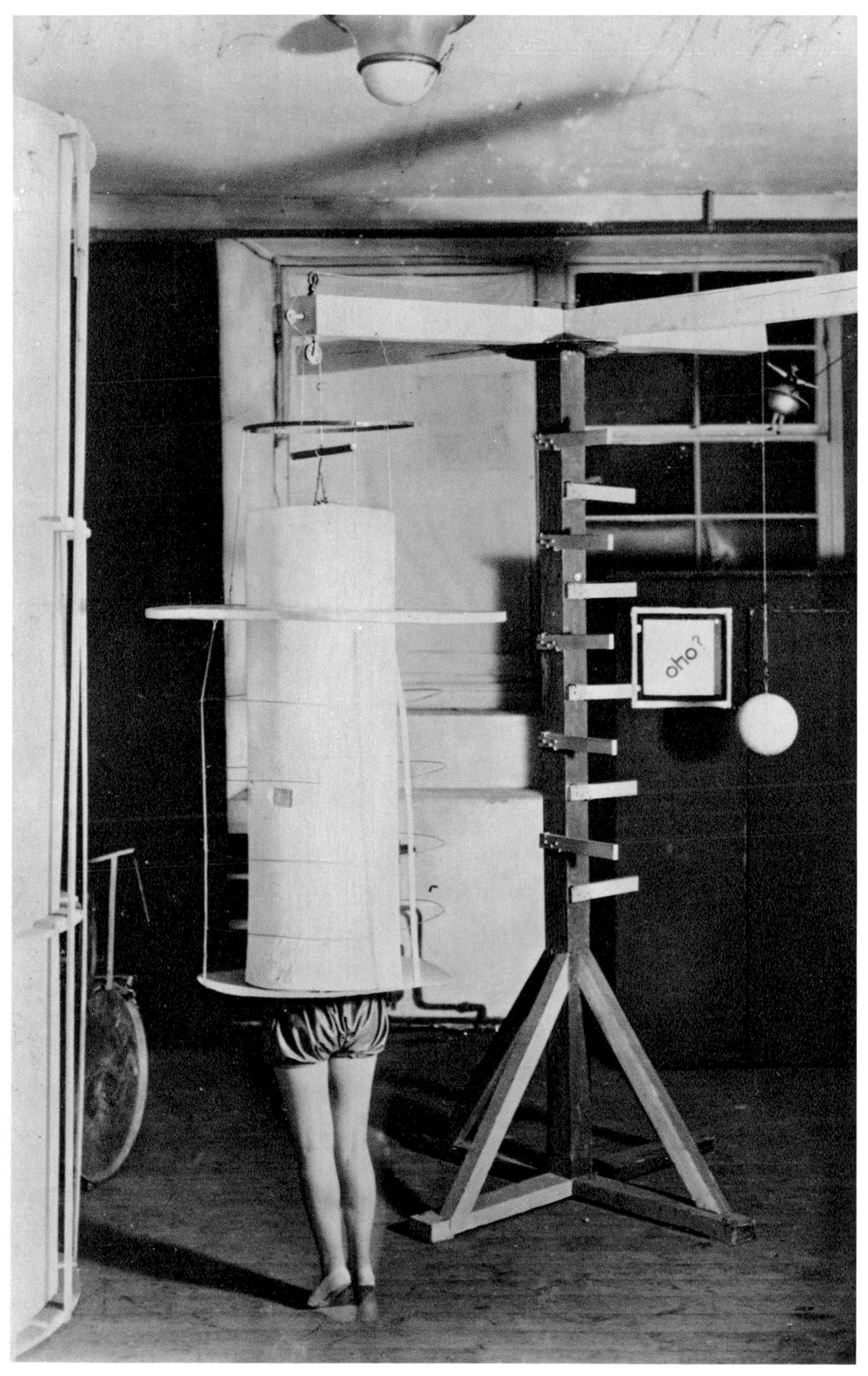
oho?

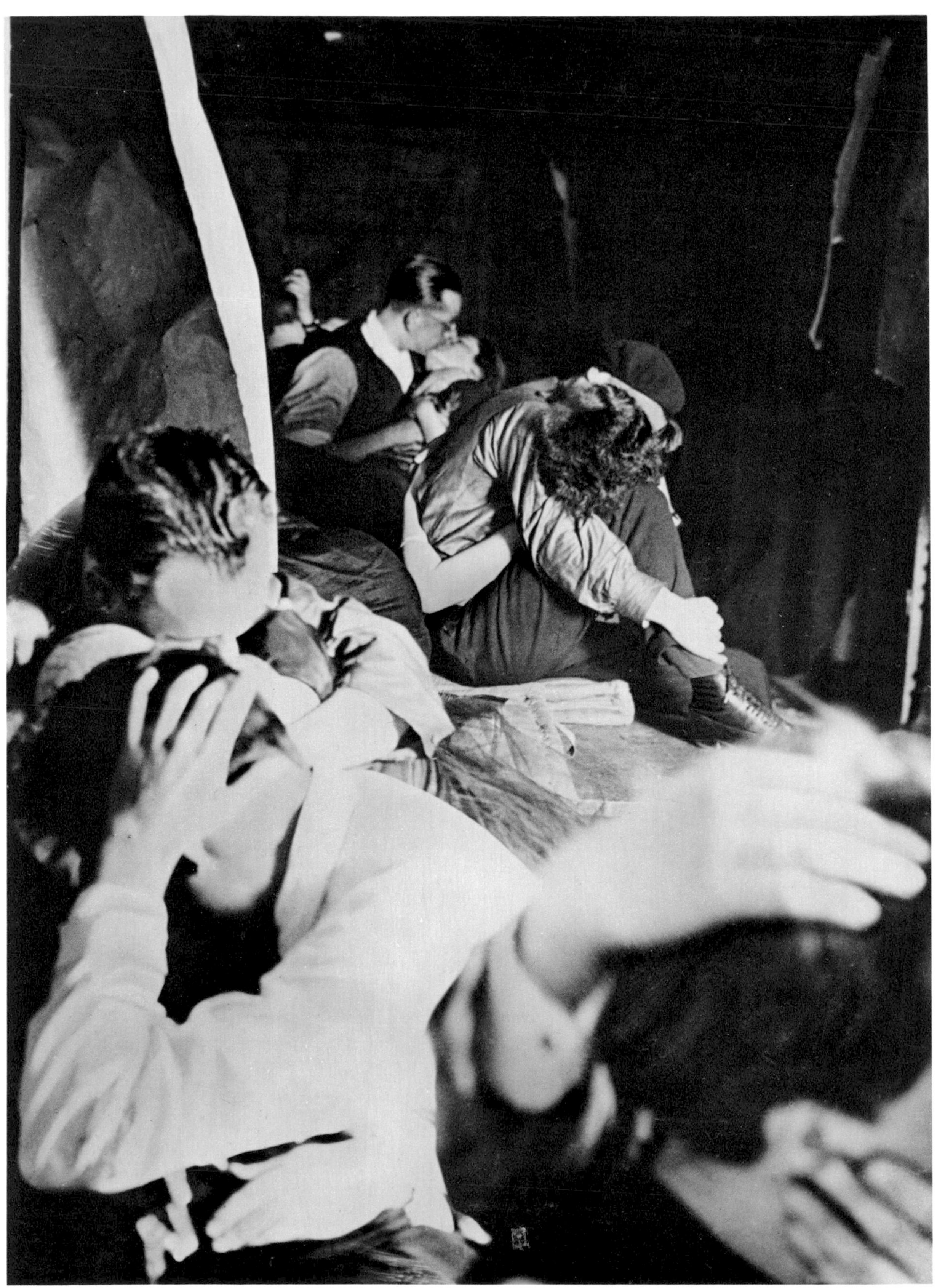

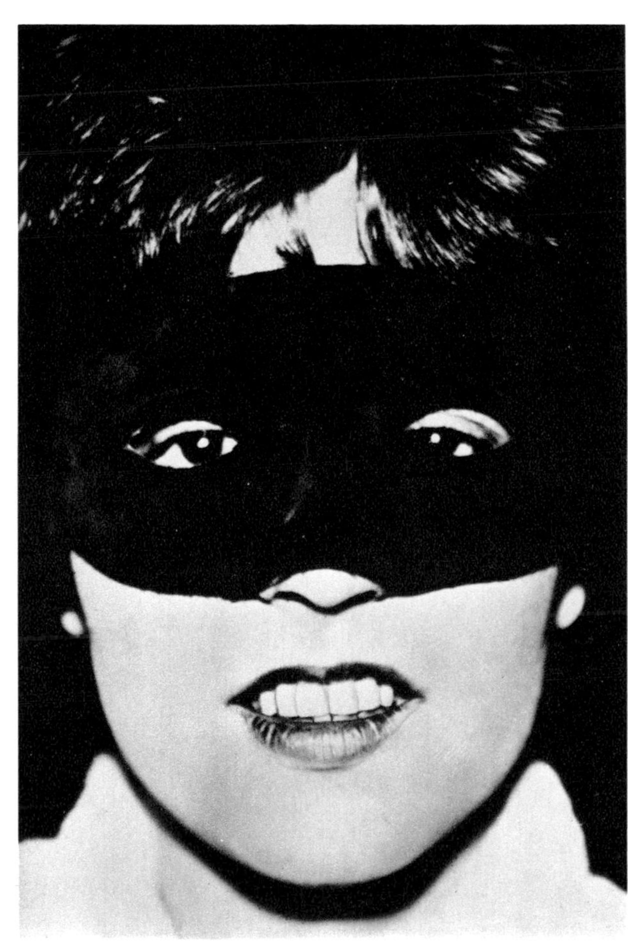

PAUL NASH

1889-1946. Peintre et photographe anglais qui réalisa ses premières photographies en 1930. A partir de 1934, il évolue de la photographie-document, étude de formes et de textures, vers la conception d'un art photographique original, voire abstrait qu'il poursuit jusqu'à sa mort conjointement à son travail pictural.

La "nouvelle figuration" picturale nous a habitués à établir une relation entre peinture et photographie qui valorise le travail (restructurations, interprétations, déconstructions et travail de matière) du peintre dont le matériau de base est déjà une image.

Les photographies d'un peintre "abstrait" des années trente nous introduisent à une tout autre démarche qui souligne une découverte photographique. Ces photographies sont, bien sûr, le carnet de notes d'un plasticien qui ne les a d'abord envisagées que comme étape préliminaire à son travail. Mais cet admirateur de Man Ray et de Moholy-Nagy avait compris que, si elle reproduit du réel, la caméra voit dans le réel ce qui intéresse le photographe ; les limites du viseur cernent simplement avec une efficacité inégalée les particularités de l'objet, elles le rendent apparent.

Les formes, les textures et les matières que le peintre recherchait dans la nature, il a pu les capter du piège de son appareil. Interprétation tendre et cérébrale des paysages côtiers d'une Angleterre qui a souvent traité la nature en révélateur d'objets sensibles, ces images sont aussi une création. Et Paul Nash en était conscient qui, à partir de l'été 1934 (et alors qu'il s'inquiétait de sa réputation de photographe supplantant celle du peintre), s'éloigne de la photo-document pour penser qu'un art original, voire abstrait, peut se constituer à partir de la pellicule.

Entomologiste traquant pierres, fossiles, troncs d'arbres, graphismes de bateaux ou tracés multiples de paysages déserts, il veut faire apparaître un invisible : l'esprit des choses et le génie profond des lieux, la vie humaine d'une plage vide ou la relation sophistiquée des éléments constitutifs de la digue. Pour celà, il révèle la structuration complexe des entassements ou le graphisme, mystérieux et éphémère, d'une chute d'eau.

On est forcément frappé par cette démarche qui, en 1935, inventait des vues qu'un Friedlander ne renierait sans doute pas aujourd'hui.

On n'a pas encore accepté de regarder la photographie comme l'expression abstraite qu'elle est. Nash, peut-être en raison de sa peinture, affirme une démarche photographique qui n'est peut-être qu'une impasse mais qui, symbolique et cérébrale, fait du réel à l'image de lui-même. L'insolite, finalement, c'est que le monde soit ainsi. Et les débats sur la figuration et l'abstraction deviennent tout à coup déplacés.

Bibliographie :

Paul Nash's Photographs. Document and image. Par Andrew Casey. Londres : Tate Gallery, 1973. Réédition 1975.
Paul Nash. *Fertile Image.* Édité par Margaret Nash. Londres : Faber and Faber, 1951. Réédition 1975.

Reproductions, pages :

PAUL NASH

1889-1946. English painter and photographer who shot his first pictures in 1930. From 1934 on, he progressed from documentary photography, the study of forms and textures, to the idea of original or even abstract art. This he practiced to the end of his day, concurrently with his pictorial work.

The "new pictorial representation" has established a relationship between painting and photography which emphasizes craftmanship (restructuring, interpretation, deconstruction and blending of various elements) of the painter, whose basic material is already a picture.

The photos of an abstract painter of the 1930's present a new technique which emphasizes a photographic discovery. These photos are the journal notes of a plastic artist who originally only considered them as the preliminary stage of his work. This admirer of Man Ray and Moholy-Nagy understood that if the camera reproduces reality, it also sees in that reality what is of interest to the photographer. The limits of the viewfinder focus quite simply and remarkably efficiently on the particular details of the object and make it visible.

Thus the photographer was able to capture the form, textures and material that the painter seeks in nature. These pictures are an intellectual and tender interpretation of the coastal scenes of England, where nature was believed to reveal the spiritual essence of the landscapes ; these pictures are also a creation. Paul Nash was aware of this when, from the summer of 1934, fearing that his reputation as a photographer would stifle that of the painter, he began to withdraw from documentary photography and consider how original, even abstract art could be made with film.

As an entomologist tracing stones, fossils, tree trunks, boat forms or the lines of various deserted countrysides, he desired to give form to the invisible: the spirit of objects and the true nature of places, a deserted beach or the sophisticated relationship of the various elements that constitute a dike. To achieve this, he shows us the complex structure of the piles, or the mysterious and ephemeral lines of a waterfall.

We are inevitably struck by this procedure which invented views in 1935 that Lee Friedlander certainly would not scorn today.

We have not yet agreed to accept photography as the abstract expression that it is. Nash, perhaps because of his painting, sets forth a photographic procedure which is possibly only a blind alley, but which symbolically and intellectually creates reality in the image of itself. Finally, what is really unusual is that the world is thus and any discussion of representation and abstraction suddenly becomes superfluous.

Bibliography:

Paul Nash's Photographs. Document and image. By Andrew Casey. London: Tate Gallery, 1973. Reprint 1975.
Paul Nash. *Fertile Image.* Edited by Margaret Nash. London: Faber and Faber, 1951. Reprint 1975.

Reproductions, pages:

PREMIADO CON

17
18
19
20
15
16
17
18
19
20
50
49
48

LITTER

WILLY RONIS

Né en 1910. Reporter et illustrateur indépendant dès 1936, il a travaillé pour *Life, Vogue,* et de nombreux magazines français et étrangers. Il a ensuite enseigné la photographie, à partir de 1968, à Paris et en Provence.

"Une photographie vaut mille mots à condition d'être accompagnée de dix mots". Willy Ronis aime citer cette phrase d'Edward Steichen et il la met en pratique. Il ne faut surtout pas parler trop fort autour de ces images qui travaillent en demi-ton pour imposer un charme que la photo des années cinquante et soixante a bien représenté. Un charme très "français", fait de demi-surprises et de la force pudique d'images volontairement simples.

Comme ce défilé de religieuses, coiffes blanches sur robes noires dans la quiétude brumeuse d'un parc aux grands arbres estompés, l'image arrive lentement et impose sa présence. Elle n'utilise pas un insolite plus frappant que celui des corps désorganisés par l'exiguité et la superposition des cabines et refuse les facilités du spectaculaire.

Ce nu de pauvreté, chichement éclairé d'une petite lampe aurait pu devenir ridicule, il n'est qu'émouvant, comme ces pingouins dandinant dans l'allée. Les infimes nuances d'une émotion, c'est aussi celà que sait dire une série de photographies sensibles quand elles refusent la sensiblerie.

Photo-charme, on pense à Boubat, à Doisneau, Izis, qui la pratiquent dans d'autres tonalités, on l'aime spontanément et on n'a pas envie de savoir vraiment pourquoi.

Après avoir vu le surgissement de ces deux femmes en voiles blancs, parade de cirque carressée du regard des spectateurs et d'un rayon de soleil, on sait qu'existe une partie visible du rêve, qu'elle s'exprime au quotidien et que les photographies de Willy Ronis, c'est celà, rien de moins.

Bibliographie :

Photo-reportage et chasse aux images.
Texte et photos de Willy Ronis. Paris : Paul Montel, 1951.
Belleville et Ménilmontant. Photographies de Willy Ronis.
Préface et légendes de Pierre Mac Orlan. Paris : Arthaud, 1954.
Willy Ronis, considérant que ses autres livres ont été massacrés par les éditeurs désire qu'ils ne soient pas mentionnés.

Reproductions, pages :

WILLIAM KLEIN

Born in New York in 1928 and now living in Paris, William Klein is also a painter and film director. A former student of Fernand Léger, he turned to photography between 1954 and 1965 and did considerable work for the American magazine *Vogue,* particularly features on New York, Rome, Moscow and Tokyo. Klein subsequently devoted all his time to cinema *(Who is Polly Maggoo?, Far from Vietnam, Eldridge Cleaver Black Panther, Muhammad Ali the Greatest,* etc.) and television work. He has now returned to still photography and is currently preparing three new books.

New-York, 1954; Rome, 1956; Moscow, 1960; Tokyo, 1961. A voyage between capitals, a capital voyage for imagery, a path marked by the desire to understand. The four books which William Klein has devoted to our megapolises have inaugurated a new visual era.

When a brillant meddlesome photographer spontaneously captures street impressions, when, with the viewfinder adjusted to the human eye through a 28 mm lens, Klein portrays these distinct city scenes, he testifies to the complexity of objective reality by unveiling the dull assault of day-to-day aggressions.

Undeniably different, both the product of their time, Robert Franck and William Klein opened up unexplored territory for photography in the 50's. Shooting in the streets of New-York, defying existent photographic orthodoxy, they created prototypes for much of today's work.

With Klein, the apparent disorder of scenes with off-center, blurred elements, becomes a means of expression which induces us to seek the mechanism whereby each character in a group picture plays a specific role for the expressive power of the whole.

Behind the nebulous foreground, the scene organizes and steadies itself exactingly under the painter's eye in Fernand Léger's studio and we are quickly led to focus upon these individuals who, linked to the graphic organization, animate the group. This pictorial feeling for form, this approach steeped in Giotto and Masaccio, is also found in the films of Bill Klein, demonstrating to what extent, through diverse modes of expression, a presence asserts itself by the mastery and adaptation of technique to the project at hand.

Photography should profit from a means of expression without reducing it to the status of fetichism, but rather by bending it to the immediate perception of reality, even perhaps especially when rejecting time-worn ideas. Then cities no longer correspond to the mythical images with which they are surrounded by the media, but resemble the contradictory portrait of Klein himself conjugated with the streets of his encounter.

With Klein, Photography is not the dominating factor. Pictures are the essential, the final reality; pictures which interplay and present us with no fewer and no more problems than life itself. So discussion is unnecessary when, shocked by a quick snapshot, a stony stare obliges us to avert or lower our glance.

Bibliography:

Life is good and good for you in
New York, William Klein, Trance witness revels.
Paris : Edition du Seuil (collection album Petite Planète), 1956.
Roma. William Klein, Paris : Edition du Seuil
(collection Album Petite Planète), 1956.
Moscow. William Klein, Tokyo : Zokeisha, 1960.
Tokyo. William Klein, Paris: Delpire publisher, 1961.
Camera n° 3, March 1969.
Nuova Fotografia, January 1971.
Zoom n° 19, July/August 1973.
Creative Camera, July 1974.
William Klein. Catalogue, Paris : Editions Contrejour
and Fondation Nationale de la Photographie, 1978.
New York 54/55. Porfolio of 12 photographs,
text by Alain Jouffroy. Published by Jean Marc Bustamante
and Bernard de Saint Genès, Paris: 1978.
Photo, March/April 1979.
Monography by Aperture in November 1979.

Reproductions, pages:

USE REVOLV

GRUTLI
LE PETIT MAGOT
GRUTLI
CAFÉ-BAR
LE PETIT MAGOT

GRACE

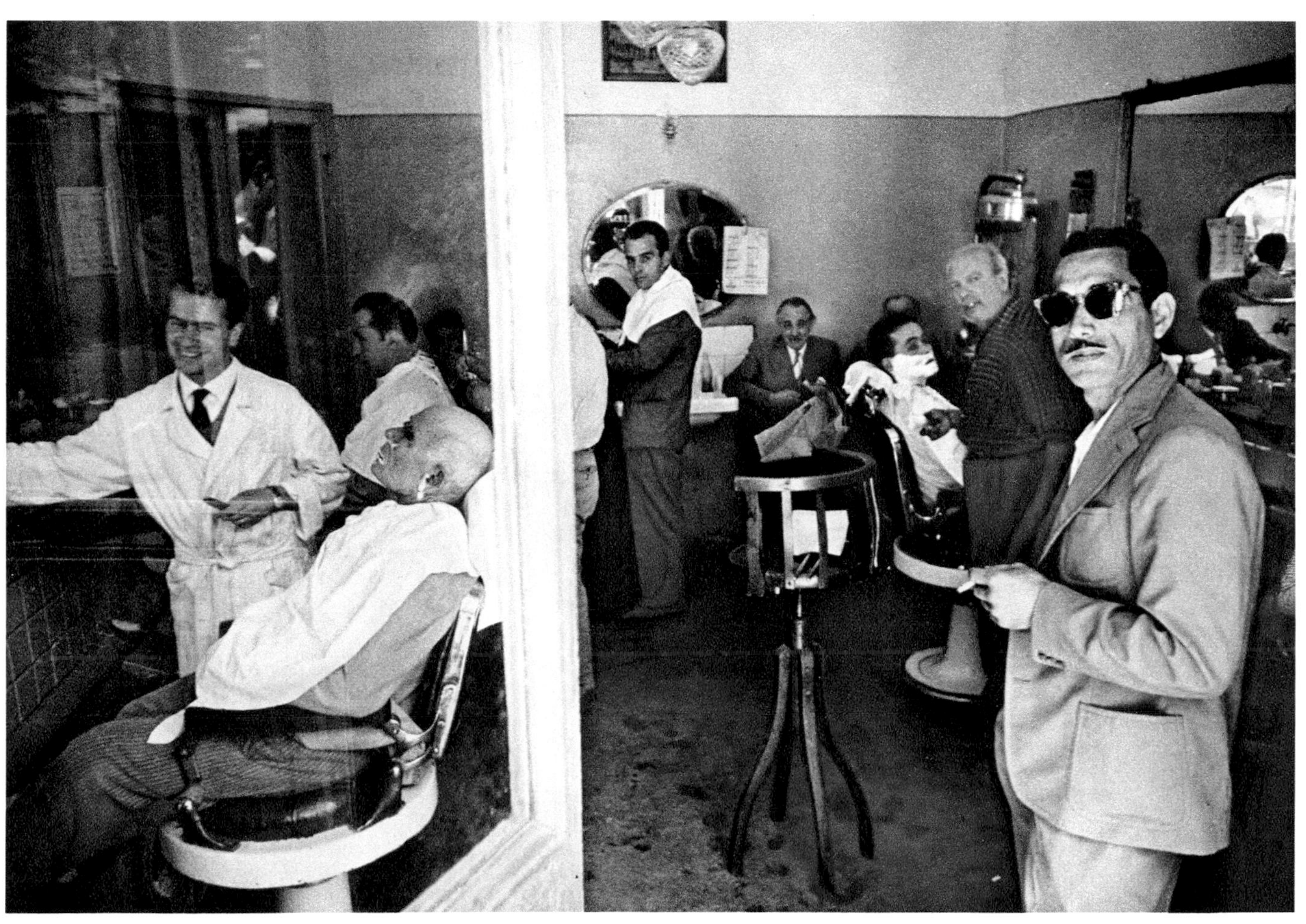

D & L

BURK UZZLE

Né en 1938, il a été reporter indépendant avant de travailler pour *Vogue*. Membre de *Magnum* depuis 1967.

La vibration des gris, savamment modulée tout au long des piliers où le béton s'allie sensiblement à l'acier, construit, invente et dessine la transcription presque abstraite des ruines en devenir de notre monde. Si elles évoquent une architecture précolombienne, ces colonnes ne sont rien de dicible, elles n'ont jamais existé ailleurs que sur une image.

Burk Uzzle travaille dans un monde mystérieux, celui que l'image transmet "de plain pied" quand les mots sont incapables d'atteindre la forme de poésie qu'il fabrique.

Nous ne pouvons qu'aborder avec humilité ces photographies auprès desquelles le language articulé semble caduc. Ecriture autonome, grammaire de signes nouveaux, les images de Burk Uzzle repoussent les mots pour parler globalement. On peut percevoir plusieurs raisons à ce phénomène troublant, on ne peut en rendre compte sans accepter le paradoxe inconfortable d'écrire "sur" une pratique autre.

Burk Uzzle est *visiblement* persuadé que la beauté existe dans cette relation sensible qu'il *voit* entre l'arbre et le béton, entre la limousine américaine et la géographie craquelée de l'asphalte. Il se permet donc d'organiser le désordre, plaçant les éléments à la manière d'un graphiste pour qui la lyrique et le rythme seraient plus importants que la rencontre des formes et des volumes. Sa découverte, c'est aussi qu'on met en scène la réalité en la situant physiquement par rapport à nous, pour la faire exister.

En limitant volontairement ses possibilités techniques, Burk Uzzle construit et déconstruit des sujets qu'il contrôle totalement. Jeux de reflets qui n'ont rien d'infini ; sophistication synthétique d'un monde absurde dans lequel la poésie nait de l'absurde de prises de vue qui révèlent les fantômes d'objets; monumental réduit à la dérision de maquettes quand le regard passe par là.

Ces photographies peuvent faire penser à celles que produisent d'autres contemporains américains, Harbutt peut-être, mais elles résistent toujours à l'assimilation.

A travers une forme de regard que l'image peut seule transmettre, Burk Uzzle refuse le symbolisme, il recherche, au tréfonds de l'abstraction, la beauté et l'esprit dans les chantiers industriels et dans la rue. Le déclic se produit, pour nous, lorsque nous arrivons à constater que l'angle, le cadrage – le point de vue en fait – sont exclusifs de ceux qu'auraient choisi d'autres photographes.

Quand, étranger à l'anecdote, un reporter ne photographie rien de ce qui existe dans le réel, il acquiert un pouvoir fascinant. Il invente le risque de nous obliger à regarder tout en nous désespérant par avance de sa tendresse démesurée.

Bibliographie :

Landscape. New York : Magnum éditeur, 1973.
Catalogue *Burk Uzzle, Duane Michals, Les Krims*. Paris : Festival d'Automne à Paris et Fondation Nationale de la Photographie, 1976.
Caméra N° 10, octobre 1970.
N° 11, novembre 1973.

Reproductions, pages :

BURK UZZLE

Born in 1938, Uzzle began as a free-lance press photographer, but later joined the staff of *Vogue* Magazine. Since 1967, however, he has become a member of *Magnum* agency.

The vibration of greys, carefully modulated along the columns where concrete blends with steel, constructs, invents and draws an almost abstract picture of the future ruins of our world. Even though these columns occasionally evoke pre-Colombian architecture, they are indescribable because they never truly existed except in these pictures.

Burk Uzzle works in a mysterious world in which the image immediately comes across when words cannot express the poetic form he is creating.

They can only be approached with a feeling of humility, for in front of them spoken language seems empty. A highly personal statement or a lexicon of new symbols, Burk Uzzle's photos resist words in order to speak universally. We can note several reasons for this disquieting phenomena but cannot grasp it without accepting the uncomfortable paradox of writing "about" something else.

Burk Uzzle is *visibly* persuaded that beauty exists in the sensitive relationship he *sees* between trees and concrete, between the American limousine and the cracked geography of the sidewalk. He thus organizes disorder, combining elements like a draughtsman for whom lyric quality and rythm are more important than the encounter of form and volume. Likewise his discovery reveals that reality is emphasized by seeing it in relation to ourselves in order to make it exist.

Expressly limiting his technical possibilities, Burk Uzzle builds and takes apart subjects which he totally controls. Mirror reflections that are not endless; synthetic sophistication of an absurd world in which poetry is born from the absurdity of photos revealing ghosts of objects; monuments reduced to the scorn of scale models when the eye falls upon them.

These photos are occasionally reminiscent of certain contemporary American photographers, Harbutt perhaps, but no real comparison is possible.

With a glance that only the picture can transmit, Burk Uzzle ignores symbolism and, in the very depth of abstraction, seeks beauty and wit in industrial worksites and street scenes. We are entranced by the realization that the angle, cropping and viewpoint are specifically personal and different from the approach of other photographers.

When the picture does not portray absolute reality, the photographer evinces a certain power of fascination. He dares us to look while tenderly fearing we may not understand.

Bibliography:

Landscape. New York: Magnum publisher, 1973.
Catalogue *Burk Uzzle, Duane Michals, Les Krims.* Paris: Festival d'Automne à Paris and Fondation Nationale de la Photographie. 1976.
Camera N° 10, October 1970.
N° 11, November 1973.

Reproductions, pages:

Burlington

MEN
WOMEN

HARDY
PIX
THEATR
NO
ONE
UNDER
THE
AGE OF
18
WILL BE
ADMITTED

BIG
Daddy
MISS MAIN STREE
JUDGE
JUDGE

RICHARD KALVAR

"Une photographie est ce qu'elle a l'air d'être". Assertion d'un reporter photographe, né à Brooklyn en 1944 et qui, après de nombreux reportages sur la France et l'Amérique pour l'agence *Viva* dont il fut l'un des fondateurs est actuellement membre de ***Magnum***.

Les reportages de Kalvar sont beaux, soigneusement cadrés, modelés de contrastes francs, par un regard humain, presque attendri. On peut les feuilleter en s'étonnant, de-ci de-là, du caractère insolite des situations. Mais très vite, tout cela devient inquiétant, tout peut basculer vers la catastrophe, vers l'agression. Le moindre geste esquissé, le moindre regard en fond de scène signifient un danger tranquillement révélé.

Qu'est-ce qui se trame autour de cette fillette qui, sur le point d'accepter la bouchée qu'on lui impose, accuse d'un regard lourd de reproches et de passivité? La vieille dame va-t-elle relever le chignon de sa voisine ou prépare-t-elle un mauvais coup ? L'homme a troqué son regard contre deux hublots noirs, mais qu'est-ce qui peut le remplir de suffisance satisfaite quand la bouchée de sandwich que mord la vieille dame, gonfle déjà la joue du vieux mari? Et ces chapeaux qui encerclent un noir assis sur son banc, que lui veulent-ils? Ils sont aussi sourdement inquiétants que les feuillages lissés enfermant le bain de soleil momifiant ou le biberon implacable que l'on administre en détournant les yeux.

Superbement architecturées, ces images fonctionnent par un ensemble de correspondances et de tensions. Correspondance des éléments formels (deux bancs, deux paires de jambes; le chien couché et l'ombre de l'homme sur le green, etc.), des reflets, des absences que les cadrages impliquent en mutilant les corps.

Peu de photographies utilisent aussi bien les tensions, les moments d'équilibre instable que produit le déclic en arrêtant le temps et le mouvement. Ce baiser en puissance, ridicule et touchant, drôle et inquiétant sur fond de New-York menaçant entre chien et loup, par exemple.

Images du refus de l'évidence ou de "l'objectivité", impitoyables comme bon nombre de photographies américaines, mais au second degré, elles sont une réalité au même titre que la réalité "vraie" dont elles s'inspirent. Alors, de la tension entre ces deux réalités naît l'émotion que ne provoquait pas le quotidien, et le reportage révèle les inquiétants mystères de la banalité.

Les personnages passent sans visage, ne sont que le reflet d'eux-mêmes et, quand ils ne sont pas effrayants, ils deviennent vite menacés. Ce monde où l'équilibre apparent peut toujours basculer, est-ce le nôtre ? C'est en tout cas celui que voit Richard Kalvar, il n'est pas spécialement rassurant, mais il reste heureusement la tendresse presque humaine de cette petite chienne fatiguée et assise.

Bibliographie :

Creative Camera, novembre 1971.
Zoom n° 7, mai 1971.
n° 29, mars/avril 1975.
Photo, juin 1977.
American photographer, mars 1979.

Reproductions, pages :

RICHARD KALVAR

Richer Kalvar, press photographer, born in Brooklyn in 1944, is wont to declare: "A photograph is exactly what it seems to be". As one of the founders of the press agency *Viva,* he has covered many stories both in France and America. He is now a member of ***Magnum*** agency.

Kalvar's reportages are beautiful, carefully cropped, shaped from clear contrasts by a human, almost tender look. One can study them and be constantly astonished by the unusual atmosphere of the situations. Suddenly, however, it all becomes alarming; everything can easily fall over into catastrophe and aggression. The least gesture, the slightest look in the background can be a calmly disclosed danger.

What treachery is afoot around the little girl who, about to accept the mouthful of food that someone is forcing upon her, reproaches them with a look full of blame and apathy? Is the old lady merely fixing her neighbor's hair, or is she planning some evil? The man has traded his sight for two black port-holes, but what makes him look so smug when a bite of the sandwich the old lady is eating already swells his cheek? What about all those hats encircling the American seated on the bench - what do they want from him? They are as secretly alarming as the foliage which encloses the mummifying sunbath, or as the baby bottle ruthlessly administered while looking in another direction.

These superbly structured pictures operate through harmonious interplay of relations and tensions; relations between physical elements (two benches, two pairs of legs, a dog lying down and the shadow of a man on the green, etc.), reflections and absences that cropping has implied by a mutilation of the bodies.

Few photos make such good use of tension, moments of awkward balance captured by the shutter stopping time and movement. Take, for example, that withheld kiss, both absurd and touching, funny and disquieting against the background of New-York, menacing in the twilight.

Ruthless pictures which, like so many American photos reject both evidence and "objectivity". On another level, however, they are just as much a reality as the "true" reality that inspired them. The tension between these two realities evokes emotions that ordinary daily life is incapable of producing, and the documents reveal the existence of alarming mysteries within the banal.

Faceless characters passing are only the reflection of their inner selves, and when they are not frightening, they in turn rapidly become threatened. This universe in which a tentative equilibrium can always be upset, is this our world? In any case, this is what Kalvar sees; he is not particularly reassuring, but then again one thinks of the almost human tenderness of that small tired dog seated on the ground.

Bibliography:

Creative Camera, November 1971.
Zoom n° 7, May 1971.
n° 29, March/April 1975.
Photo, June 1977.
American photographer, March 1979.

Reproductions, pages:

168 New York, 1976.
169 England, 1974.
170 Paris, 1971.
171 New York, 1976.
172 New York, 1977.
173 New York, 1977.
174 Roma, 1978.
175 Paris, 1975.
176 New York, 1976.
177 Paris, 1972.
178 England, 1974.
179 Roma, 1978.
180 Paris, 1975.
181 Paris, 1972.
182 New York, 1969.
183 New York, 1970.
184 New York, 1969.
185 New York, 1976.
186 New York, 1968.
187 New York, 1969.

LAW OFFICES
NEDICKS
ARROW
SHIRTS

VICTOR BURGIN

Artiste anglais né en 1941. Après des études artistiques en Grande-Bretagne et aux USA, il est aujourd'hui enseignant d'histoire et théorie des arts visuels à Londres.

Et si nous parlions de photo-journalisme. Si nous mettions les pieds dans le plat de l'utilisation majeure de la photographie au quotidien. Ou, mieux, si nous pratiquions une autre forme de détournement de l'image que celle qu'institutionnalise le jour le jour de l'événement.

Burgin ne pose pas la question, il lui apporte une solution radicale. En associant texte et image, en excluant par avance toute manipulation de son propos et en refusant à quiconque le droit de parler à sa place, il assène photographiquement les vérités de l'information.

Au départ, deux constatations : le théâtre et la légende. Le fonctionnement des média impose au photo-journalisme une restitution dramatisée des faits; le scoop, l'horreur, la "une" sanglante et racoleuse qui ne refuse aucun truquage. A ce dévoilement du fait et du regard s'ajoute la pratique des légendes, la production – en dehors de tout contrôle du photographe – du sens ponctuel de l'image. Il suffit de confronter les "une" des quotidiens du monde entier le jour de l'élection du pape (par exemple) pour retrouver cinquante fois la même photographie au service de discours antagoniques. Par ces manipulations patentes, la photographie est encore traitée comme illustration quelconque d'une prise de position.

Le questionnement n'est pas ici celui d'une illusoire objectivité de l'information, mais bien celui du traitement par la presse du compte rendu photographique. Burgin ne propose pas d'alternative, il opère autrement, texte et image imbriqués par sa seule volonté d'assumer ce qui le concerne.

Images banales et bien faites, clichés de notre publicité, de nos métros, de nos enfermements écrits partout; banalités qui s'accumulent dans l'horreur. Apparaît alors le texte, intérieur à l'image pour agir en elle. Point de légende, point de manuscrit à la Michals, point de discours à propos ou autour de la photographie. Une simple participation typographique, un signe politique pour pouvoir dire. Formules percutantes, contestations rageuses de la publicité et de la situation faite à la femme, Burgin est le praticien politique de son propre langage. Il ne cesse de crier que tout est organisé pour se survivre et de démonter les rouages profonds du système, ceux qui font que la femme est au foyer parce que le beau cow-boy fume des cigarettes blondes.

Deux discours coexistent qui d'habitude s'excluaient – la constatation brute et l'analyse politique – et nous retrouvons plus d'une flèche venue de ces semeurs d'idées que furent les situationnistes.

On se prend alors à l'envie de découvrir 365 jours du monde dits par Burgin : le savoir-dire "à l'usage des jeunes générations".

Bibliographie :

Studio International, octobre 1969, juillet/août 1975, mars/avril 1976.
Works and Commentary. Londres ; Latimer New Dimensions, 1973.
Camera work N° 3, 1976.
Modernism in the work of art in 20th century studies (15-16). University of Kent, 1976.
Two essays on art, photography and semiotics. Londres : Robert self publications, 1976.
Victor Burgin. Van Abbe Museum (Eindhoven), 1977.
Screen Education, automne 1977.

Série US 77.
Reproductions, pages :

Traduction française des textes de Victor Burgin par Liliane et Michel Durand-Dessert.

VICTOR BURGIN

An English artist, born in 1941, studied art in England and in the States and is now teaching the history and theory of visual arts in London.

Now, let us consider press photography and expose its use as a principal means for daily news coverage. Better still, let us explore another way of using photos rather than the manner currently established by the press.

Burgin poses no question, but instead provides a radical solution. He associates text in the picture, excludes all editorial manipulation of his subject, and denies anyone the right to speak for him, thus achieving photos with a tremendous news impact.

To begin with, two facts: staging and captions. The media demands that press pictures should dramatize events; they need scoops and unmitigated horror for the front page, appealing – by any means – to our more lurid instincts. To portray the news more strikingly, captions are used, thus placing the photographer and his work under the editors' control. For example: the recent Papal election was world-wide front page material and often the same pictures were used to illustrate diametrically opposed editorial viewpoints. By means of this subtle manipulation, photography is still used in the service of idealogy.

This is not a criticism of illusive news objectivity, but only in the manner that the press media employs news photos. Burgin proposes no alternative, he simply inserts a text in the picture itself, assuming entire responsibility for the result.

Technically good but frequently trite photos surround us; advertising and subway cliches; banality reaching the heights of horror. Burgin, however, includes the text in the picture, thus becoming a part of it, needing no captions, Michals type manuscript, or blurbs explaining or describing the photo. A typographical participation, a political signal. Burgin, in fact, is the "practising politician" of his profession, evincing a striking turn of phase, violent protests against advertising and women's role therein. He constantly points out that everything is designed to outlast its usefulness and tries to debunk the intricate mechanism of the system which attempts to prove that woman's place is in the home while the handsome cowboy smokes Virginia cigarettes.

Nevertheless, two themes coexist which are usually at odds: the depiction of brutal fact and political analysis; and there are many rhetorical barbs provided by these idea disseminators, the former "situationists".

Suddenly one longs to discover the "365 days of the world" expressed by Burgin; the wisdom of expression "in the service of the younger generations".

Bibliography:

Studio International, October 1969, July/August 1975, March/April 1976.
Works and commentary. London: Latimer New Dimensions, 1973.
Camera work nº 3, 1976.
Modernism in the work of art in 20th century studies (15/16). University of Kent, 1976.
Two essays on art, photography and semiotics. London: Robert self publications, 1976.
Victor Burgin. Van Abbe Museum (Eindhoven), 1977.
Screen Education, Autumn 1977.

Series US 77.
Reproductions, pages:

Original english text of Victor Burgin's photographs on page 231.

Vols de l'imaginaire
Inessa Armand voulait écrire un livre sur l'amour libre – Lénine lui écrivit une lettre. Il concluait: Le problème n'est pas ce que, subjectivement, vous voudriez qu'il fût, le problème est la logique objective des relations de classe dans le domaine de l'amour. Chklovski se remémorait: nous avons couché avec plus d'une – mécaniquement – comme un homme qui raboterait des planches.

Encadrée

Une femme brune, la bonne cinquantaine, tend une photographie montrant la coupe de cheveux qu'elle veut absolument qu'on lui fasse.

La photo montre une très jeune femme avec des cheveux blonds coupés extrêmement court.

Le coiffeur la pose contre le miroir dans lequel il peut voir le visage de sa cliente observant son propre reflet.

Lorsqu'il a terminé, il retire le peignoir de coton des épaules de la femme. 'Voilà', dit-il. Mais la femme reste assise, elle reste l'oeil grand ouvert, fixé sur son reflet dans le miroir.

Gardien de la paix – de – l'esprit
A maintes reprises, le pouvoir militaire est passé aux mains des hommes de troupe. Les hommes de troupe hésitèrent. Quelques heures après s'être débarrassé d'un supérieur exécré, ils relâchèrent les autres, entamèrent des négociations avec les autorités et puis se firent fusiller eux-mêmes.

)ouble vue
a publicité nous donne l'assurance ue derrière l'illusion du choix ngendrée par le spectacle de la oncurrence entre les producteurs est tablie inconsciemment la croyance ue la consommation compétitive et ıccomplissement personnel vont de air.
unité de base de la consommation est la famille, et l'administration des hauts niveaux de la consommation domestique est échue aux femmes.
On a fait une estimation selon laquelle la valeur du travail non rémunéré des ménagères équivaut au quart du produit national brut.
La collusion des femmes dans leur recrutement de masse en tant qu'esclaves domestiques s'effectue par la vérité jamais remise en question qu'être des ménagères est aussi naturel pour les femmes que leur genre biologique. D'où l'omniprésente 'maîtresse de maison', apothéose de vertu féminine et d'auto-satisfaction – imago à laquelle la publicité se réfère hypocritement comme si c'était le meneur de jeu dans leur cirque de produits, et non un de leurs clowns.

TOM DRAHOS

Jeune photographe tchèque né en 1947. Installé en France depuis 1968, il réalise, tant au cinéma qu'en photographie, des séries allant du reportage à la mise en scène.

Bibliographie :

Caméra n° 1, janvier 1970.
Nuovo fotografia n° 7, juillet/août 1971.
Photographie nouvelle n° 50, mars 1972.
Zoom n° 21, novembre/décembre 1973.
Creative Camera, juillet 1974.

Reproductions, pages 202 - 207.
Série réalisée en 1978.

Mais, que se passe-t-il ? Qui sont ces soldats monstrueux, mutilés, sans tête? Et puis, c'est quoi, ces photographies figées dans le contraste violent de graphisme que révèle une lumière suffisamment chaude pour nous faire froid dans le dos ? Ces surfaces lisses de papier kraft, de carrelages hospitaliers, ces réceptacles à cataclysmes en aluminium froissé, ces personnages de plastique assimilés - par quelle force ? - à leur espace de plastique moulé et boursouflé, que meurent-ils ?

La fin atomique d'un monde dont les fantassins s'élancent, dérisoires et baïonnette au canon, contre le monstre ? Un projet de monument grandiloquent aux morts de la civilisation suicidée ? Le scoop du reporter qui révèle aux survivants l'image de leur parfaite monstruosité ? Non, tout cela n'est que photographie. De cette photographie qui refuse les contingences du temps et de l'anecdotique en mettant en scène ce qu'elle a envie et besoin de montrer et de regarder.

A la démesure de la catastrophe évoquée correspondent des scènes miniaturisées où se meuvent les soldats de plomb des enfants de l'ère plastifiée, pour rendre visible le clinquant de l'horreur guerrière, sa froide organisation qui assimile implacablement les unités humaines et celles de matériel.

Quand le photographe se livre à ce genre d'exorcisme, il rejoint les pratiques des envoûteurs piquant d'aiguilles leurs représentations de cire et il date autrement le temps photographique. La photographie, c'est aussi une chimie et cette science s'est un jour appelée alchimie. Alors, pourquoi ne pas placer devant l'objectif une représentation du futur, pourquoi ne pas fixer une scène immobile, pourquoi se limiter à la trace du présent ou aux legs du passé ?

Car ce qui est ici directement en cause, c'est le futur. Celui qu'imaginent pour nous des yeux horrifiés mais aussi celui de la photographie qui prend la revanche de l'anticipation quand on la perçoit encore comme "témoignage objectif du réel". Tom Drahos ne se contente pas d'aller plus loin dans le réel, il vise l'au-delà possible de ce réel, le crée, l'éclaire, le capte et le montre.

Démiurge, apprenti sorcier ou fou de photographie, c'est ici la même chose.

TOM DRAHOS

A young czechoslovakian photographer, born in 1947, has been living in France since 1968. He is both a film and still photographer, specializing in sequences ranging from reportage to carefully staged photography.

Whatever is happening here? Who are these monstrous soldiers, maimed and headless? And what are these photographs immortalizing the violent contrast of forms with light hot enough to chill one's spine? What are these smooth brown paper surfaces like tiling, these repositories of disaster in wrinkled aluminium, these plastic people who resemble (God only knows how) their moulded and bloated plastic surroundings - how have they died?

Is it the atomic end of a world whose soldiers, with fixed bayonets, absurdly charge into combat against the monster? A project for a bombastic monument to the dead of a self-immolated civilization? A reporter's scoop which shows to the survivors the picture of their own monstrosity? No, this is simply photography the kind of photography that denies the contingencies of both time and situation by focusing on what it wants and needs to show and observe.

These miniaturized scenes correspond to the immensity of the Catastrophe, wherein children's tin soldiers of the plastic era move about, making visible the tinsel of war's horrors and its impersonal organization which relentlessly treats alike both human and material entities. When the photographer resorts to this sort of exorcism, he takes part in the practice of witch doctors who stick needles in wax effigies, thus distorting photographic time. Photography is also a sort of chemistry, the science that once was called alchemy. So why not put a model of the future in front of the lens; why not capture a motionless scene; why limit oneself to the trail of the present or the legacy of the past?

What we are directly concerned with here is the future. A future which horrified eyes imagine for us, but also the future of photography itself which exceeds all imagination, while we still see it as an "objective testimony of reality". Tom Drahos is not satisfied with going further into reality; he looks through to the possible other side of reality; he creates, illuminates and captures this other side.

Demiurge, sorcerer's apprentice or photographic visionary - they are one and the same here.

Bibliography:

Camera nº 1, January 1970.
Nuovo fotografia nº 7, July/August 1971.
Photographie nouvelle nº 58, March 1972.
Zoom nº 21, November/December 1973.
Creative Camera: July 1974.

Reproductions, pages 202 - 207.
Series made in 1978.

JEAN-CHRISTOPHE PIGOZZI

Jeune photographe français né en 1952. Ses nombreux voyages à travers le monde et sa connaissance de la "jet society" lui ont permis de réaliser un livre et une exposition sur ce monde fermé.

Un chien, un autre chien, encore un chien, toujours des chiens. Un chien ne ressemble pas à un autre chien et il y a des photos de chien qui ne ressemblent à aucune photo de chien. J'en ai vu un qui jouait involontairement au lapin, un autre qui s'apparentait au phoque, un troisième dont la course isolait sur fond noir l'aérodynamisme échevelé de l'absence. Et puis, tout seul, un brave toutou triste, presque honteux de sa tendresse et de sa modestie.

Des chiens, on en a photographié, de Muybridge à Erwitt, on en capture dans la vogue actuelle de la photographie animalière, on les décrit, on ne les dit pas.

Par des cadrages nouveaux et agressifs, l'éclair du flash à bout portant pour des yeux globuleux et sans regard, des choix d'attitudes et de moment, Pigozzi parle d'autres chiens. Ceux des villes, étrangers à l'environnement, ceux qu'une société affuble ridiculement d'un collier anti-puces digne d'un cosmonaute.

Il décharge brillamment son agressivité pour des images drôles et un petit jeu visuel laisse passer une angoisse et une tendresse dont nous sommes responsables.

Les chiens sont là, détestés et terrorisés dans une pratique chic de l'instantané. Il n'y a pas de mauvais sujet, restent des photographes.

Bibliographie :

Pigozzi's journal of the seventies.
New York: Doubleday, 1979.

Reproductions, pages 210 - 217.
Série réalisée en 1978.

JEAN-CHRISTOPHE PIGOZZI

A french photographer, born in 1952, who is at present preparing both a book and an exhibition in the United States of pictures taken during his travels all over the world and of the jet set, with which he is closely connected.

A dog, two dogs, still another dog, nothing but dogs. Just as any single dog is one of a kind, some dog pictures are like no other dog-pictures. I have seen a dog that acted like a rabbit, another who was kin to a seal, a third whose headlong course lingered on the black background like a windswept comet. And finally, all by itself, a poor little mutt, half-ashamed of its unimportance and timid yearning for affection.

Many photographers, from Muybridge to Erwitt, have used dogs as models. In the current vogue for animal photography, the artist captures and describes, but without having the last word.

Through fresh and aggressive cropping, releasing the flash straight into a pair of bulging, blank eyes, through a fastidious selection of postures and moment, Pigozzi speaks for all dogs: city dogs, strangers to their environment, society dogs absurdly gussied up with their space-age flea collars.

Pigozzi unleashes his aggressiveness brilliantly in ludicrous pictures which, nonetheless, manage to portray the dogs' fear and tenderness for which humans are doubtless responsible.

There they are, "man's best friend", hated, bullied and cowering in those elegant snapshots.

For a talented photographer, a difficult subject does not exist.

Bibliography:

Pigozzi's journal of the seventies.
New York: Doubleday, 1979.

Reproductions, pages 210 - 217.
Series made in 1978.

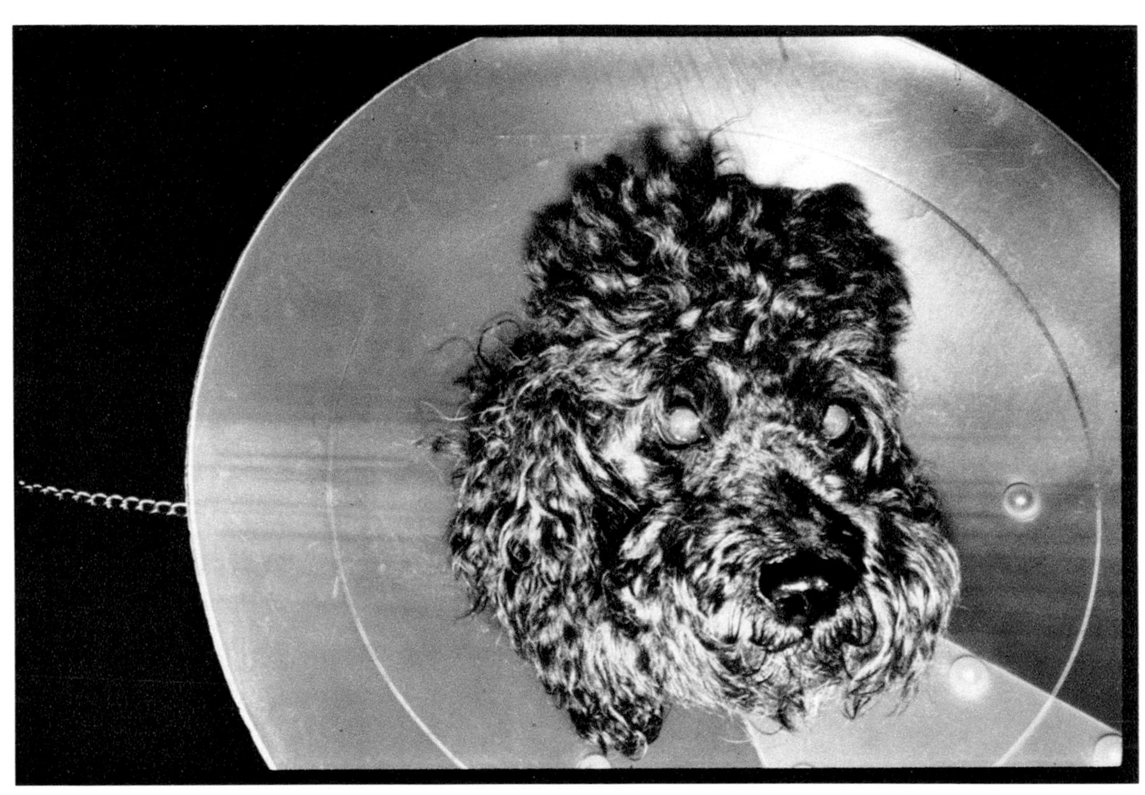

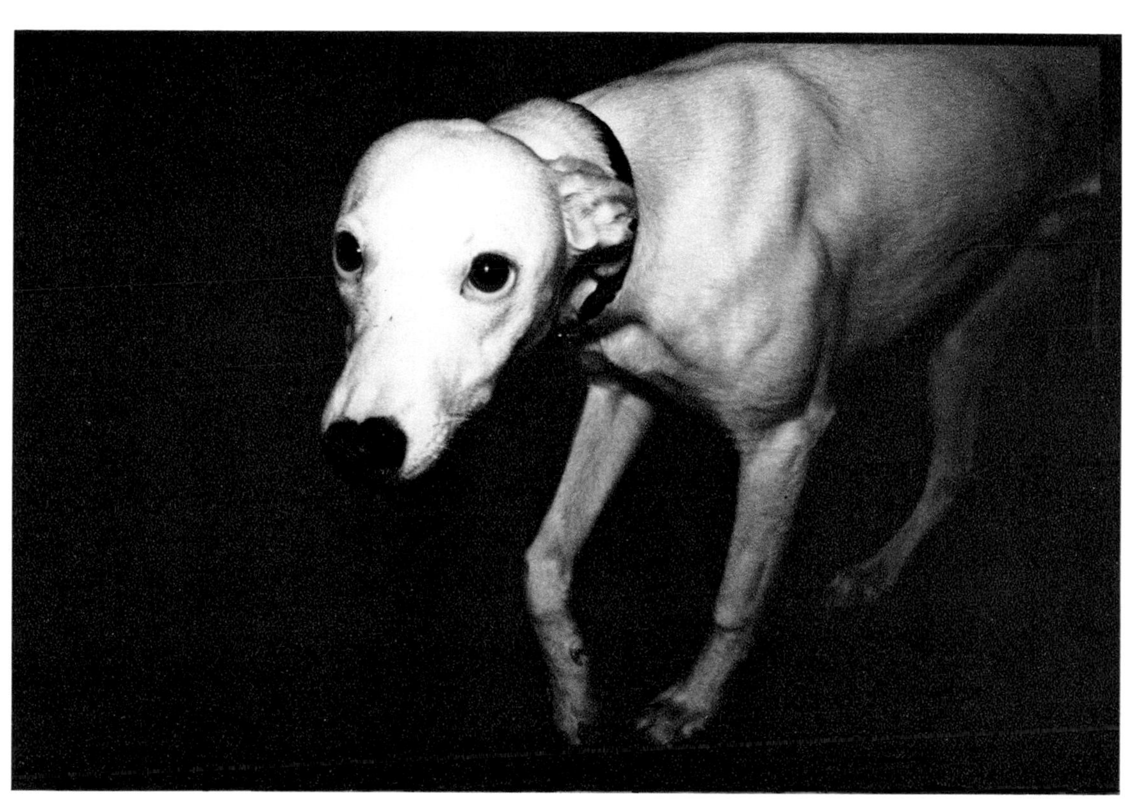

KEIICHI TAHARA

Jeune photographe né à Kyoto (Japon) en 1951. Après avoir travaillé comme éclairagiste et projectionniste dans un groupe de création visuelle et théâtrale, il s'installe à Paris en 1973. A partir de ce moment-là, certainement influencé par le souvenir de son grand-père qui était photographe professionnel, il se consacre à la photographie.

Ces fenêtres sont de fausses fenêtres : elles ne nous révèlent rien de l'intérieur de la pièce, elles n'ouvrent pas sur le monde. Lorsque, seul dans sa chambre, Tahara pose sur l'extérieur un regard triste et serein, l'ouverture, l'échappée possible, n'est plus que le révélateur du regard. Anodin mais constant, le décor ne saurait être que la marque obsédante d'une réalité à jamais étrangère : point de passion, point d'effet théâtral conjugué au désir de sortir dans la rue; sous le regard de l'exil la constatation se fait transcription.

En supprimant la perspective, Tahara colle la façade à la vitre et, au même moment, il laisse sur le verre la trace de ses yeux arrêtés dans leur course vers le dehors; il se dit lentement dans le cadre de bois des croisillons fermés et ne s'y inscrit jamais.

Les imperfections du verre, le voile de buée ou la contre plongée dessinent un ailleurs immédiat que l'on ne désire même pas atteindre : façade aveugle, lépreuse, que la coulée de la vitre semble balafrer encore, arrivées de cheminées inégalement étagées, horizon limité de dômes parisiens, le "paysage" n'entre pas dans cet espace habité dont il est presque impossible de sortir. Seule l'imbrication des plans, architecturée des diverses tonalités de gris, vient mettre en évidence l'organisation des bâtiments sans les doter d'une réalité tangible.

Dans ce voyage, la fenêtre est le meilleur des miroirs sans tain; infranchissable transparence, elle dit le regard sans montrer l'œil, ni l'homme, ni l'objet, elle impose le rythme respectueux des interrogations fondamentales sur soi-même. Le constat se fait autoportrait et l'absence de complaisance est une forme de sagesse.

Bibliographie :

Nouveau Photocinéma nº 29, 1974.
Progresso fotograficco nº 82, 1975.
Modern Photography, 1975.
Fotograficco Italiana, 1976.
Creative Camera nº 152, 1977.
Time Life Photography Year Book. New York, 1978.
Zoom nº 53, 1978.
Caméra Mainichi, avril/juin 1978.
Asahi Caméra, août 1978.
Yu nº 1002, 1978.

Reproductions, pages 220 - 229.
Série "les fenêtres", 1974-1978.

KEIICHI TAHARA

A young photographer born in Kyoto (Japan) in 1951. After working as lighting technician and projectionnist with a visual and creative theatrical group, he came to Paris in 1973. Since then, probably influenced by the fact that his grandfather was a professional photographer, he chose the same profession.

These are blind windows, revealing nothing of the room or the world outside. When Tahara, alone in his attic, melancholy and serene, gazes out the window, the possible means of escape, reflects nothing but a vague look. Relaxing but relatively unchanging, the setting is but an obsessive symbol of an ever alien reality; no passion, no over-dramatic effects interact with the desire to go out into the street. Seen out of exile, established fact becomes transcription.

Tahara, dispensing with perspective, makes the facade cling to the windowpane, leaving upon the glass only the imprint of his eyes transfixed in their outward flight. Slowly he finds self-expression in the wooden frame of the closed window bars without really imposing his own image.

The flaws in the glass, the steamed up panes and low angle shot, create another proximate world, not even longed for: a blank, scabrous facade where the vague shine of the window appears as yet another gash; unevenly staggered chimneys, an horizon bounded by the domes of Paris. The cityscape is not part of this room, virtually impossible to leave. Only the overlapping of the different planes, structured through changing tonalities of grey, evoke the lines of the buildings without giving them any tangible quality.

Here, the window is the best of all two-way mirrors; impassable transparency, it expresses a way of seeing things, though neither eye, man nor object are shown, imposing the rhythm respectful of basic self questioning. The statement becomes a self-portrait; the absence of complacency a form of wisdom.

Bibliography:

Nouveau Photocinéma n° 29, 1974.
Progresso fotograficco n° 82, 1975.
Modern Photography, 1975.
Fotograficco Italiana, 1976.
Creative Camera n° 152, 1977.
Time Life Photographic Year Book. New York, 1978.
Zoom n° 53, 1978.
Caméra Mainichi, April/June 1978.
Asahi Caméra, August 1978.
Yu n° 1002, 1978.

Reproductions, pages 220 - 229.
Series “les fenêtres”, 1974-1978.

ORIGINAL TEXT OF VICTOR BURGIN'S PHOTOGRAPHS

Flights of fancy

Inessa Armand wanted to write a book about free love.
Lenin wrote her a letter. It concluded:
The issue is not what you subjectively want it to mean, the issue is the objective logic of class relations in matter of love.
Shklovski reminisced: we slept with many of them, mechanically, the way a man planes boards.

Framed

A dark-haired woman in her late-fifties hands over a photograph showing the haircut she wants duplicating exactly. The picture shows a very young woman with blond hair cut extremely short. The hairdresser props it by the mirror in which he can see the face of his client watching her own reflection. When he has finished he removes the cotton cape from the woman's shoulders. "That's it", he says. But the woman continues sitting, continues staring at her reflection in the mirror.

Police-of-mind

Several times, military power passed into the hands of the soldiers. The soldiers wavered. A few hours after they had disposed of a hated superior they released the others, entered into negociations with the authorities and then had themselves shot.

Four-word looking

"Times change, values don't". They speak from experience, forgetting that remembering is, as much is lost as found.
Because they don't know what they've lost,
they think they've won.

Phallacy

She comes to theoretical conclusions. He can explain everything, including the necessity of theory: "theories as precise as they are incorrect". You might judge that it absolves them from action; but without theory, on what basis would they act?

Patriarchitecture

The man almost always feels his sexual activity hampered by his respect for the woman. Hence comes his need for a less exalted sexual object, a woman ethically inferior, to whom he need ascribe no aesthetic misgivings, and who does not know the rest of his life and cannot criticize him. It is to such a woman that he prefers to devote his sexual potency, even when all the tenderness in him belongs to one of a higher type. It has an ugly and paradoxical sound, but nevertheless it must be said that whoever is to be really free and happy in love must have overcome his deference for women and come to terms with the idea of incest with mother or sister.

Graffitication

In fetishism, an object serves in place of the penis with which the shocked male infant would "complete" the woman. Thus the paradoxical function of the fetishised object is to deny the very perception it commemorates; "the horror of castration has set up a memorial for itself in the creation of this substitute".
The photograph also affirms a fact it denies; and particularly when it pictures a disturbing event it serves,
like the fetish, as a reassuring and pleasurable substitute.
"Such things exist", it admits, "but not here,
where all there *is* is the beauty of the print.

Nuclear Power

The father gives his kind command
the mother joins, approves;
the children all attentive stand,
then each obedient moves.

Omnimpotence

Economically speaking, the father's authority in the home is an anachronism which recalls preindustrial time when directed family-based production. In most cases today the father is himself merely a commodity in the labour-market. His "authority" now serves to reproduce in his children his own subservience to corporate and state power, providing them with the image of an ultimately benevolent controlling wisdom through which they will later tend to view all others who wield power over them. The objective authority of the father has collapsed into the gap which the factory opened between work and family-life. Simultaneously master-of-the-house and a servant in his place of employment, the identity of the patriarch as wage-slave is in perpetual transit between work and home.

Seing double

Advertising ensures that underlying the illusion of cnoice created by the spectacle of rivalry between manufacturers there is established an involuntary belief that competitive consumption and personal fulfillment are inseparable. The primary unit of consumption is the family, and the administration of high levels of household consumption has fallen to women. It has been estimated that the value of the unpaid labour of housewives is equivalent to a quarter of the gross national product. The collusion of women in their wholesale recruitment as domestic slaves is effected throught the unquestioned assumption of a feminine "domesticity" as natural to them as their biological gender: thus the ubiquitous "homemaker" apotheosis of feminine virtue and self-fulfillment-an imago to which advertisers hypocritically defer as if it were the ringmaster in their circus of commodities, and not one of their clowns.

Printed in France
Imprimerie Humblot, Nancy
Reliure S.I.R.C., Marigny Le-Chatel
Dépôt légal du 3e trimestre 1979
No d'éditeur 155
ISBN 2-85850-011-8